BIBLIOTHÈQUE
DE PHILOSOPHIE CONTEMPORAINE

CONTRE
LA
MÉTAPHYSIQUE
QUESTIONS DE MÉTHODE

PAR

FÉLIX LE DANTEC
Chargé du cours de Biologie générale
à la Sorbonne.

> On subit, avouons-le, une étrange fascination à entendre parler de choses si profondes, alors même qu'on ne les comprend pas, et qu'elles ne sont pas mieux comprises de ceux qui en discutent. On y éprouve le frisson des grands problèmes; on y sent la présence de l'Infini.
>
> WILLIAM JAMES.

PARIS
LIBRAIRIE FÉLIX ALCAN
108, BOULEVARD SAINT-GERMAIN, 108

DU MÊME AUTEUR

LIBRAIRIE FÉLIX ALCAN

BIBLIOTHÈQUE DE PHILOSOPHIE CONTEMPORAINE

Le chaos et l'harmonie universelle. 1 vol. in-16, 1911. . 2 fr. 50
Le déterminisme biologique et la personnalité consciente. 4ᵉ édition, 1 vol. in-12, 1912. . . . . 2 fr. 50
L'individualité et l'erreur individualiste. 3ᵉ édition. 1 vol. in-12, 1911. . . . . 2 fr. 50
Lamarckiens et Darwiniens. Discussion de quelques théories sur la formation des espèces. 4ᵉ édition, 1 vol. in-12, 1912. . 2 fr. 50
L'unité dans l'être vivant. Essai d'une biologie chimique. 1 vol. in-8°, 1902. . . . . 7 fr. 50
Les limites du connaissable. La vie et les phénomènes naturels. 3ᵉ édition. 1 vol. in-8°, 1908. . . . . 3 fr. 75

BIBLIOTHÈQUE SCIENTIFIQUE INTERNATIONALE

Théorie nouvelle de la vie. 1 vol. in-8°, 4ᵉ édition, 1908, cartonné. 6 fr. »
L'évolution individuelle et l'hérédité. 1 vol. in-8°, 1898, cartonné. 6 fr. »
Les lois naturelles. Réflexions d'un biologiste sur les sciences. 1 vol. in-8°, 1904, cart. . . . . 6 fr. »
La stabilité de la vie. Étude énergétique de l'évolution des espèces. 1 volume in-8°, 1910, cartonné. . . . . 6 fr. »

NOUVELLE COLLECTION SCIENTIFIQUE

Éléments de philosophie biologique. 3ᵉ édition. 1 vol. in-16, 1911. 3 fr. 50
La crise du transformisme. 2ᵉ édition, 1 vol. in-16, 1910. 3 fr. 50

Traité de biologie. 2ᵉ édition. 1 fort vol. grand in-8°, avec 101 figures, 1906. . . . . 15 fr. »
Introduction à la pathologie générale. 1 fort volume grand in-8°, 1906. . . . . 15 fr. »

Le conflit. Entretiens philosophiques. 1 vol. in-12 (Librairie Armand Colin), 1901, 5ᵉ édition. . . . . 3 fr. 50
Les influences ancestrales. 1 vol. in-12 (*Bibliothèque de philosophie scientifique*, Flammarion). 6ᵉ édition. . . . . . 3 fr. 50
La lutte universelle. id., id. . 5ᵉ édition. . . . 3 fr. 50
L'athéisme. . . . id., id. . 6ᵉ édition. . . . 3 fr. 50
De l'homme à la science. id., id. . 3ᵉ édition. . . . 3 fr. 50
Science et conscience. id., id. . 3ᵉ édition. . . . 3 fr. 50
L'égoïsme, seule base des sociétés. *Étude des déformations résultant de la vie en commun.* . id., id. . 4ᵉ édition. . . . 3 fr. 50

CONTRE
LA
MÉTAPHYSIQUE

QUESTIONS DE MÉTHODE

PAR

FÉLIX LE DANTEC

Chargé du cours de Biologie générale
à la Sorbonne.

> On subit, avouons-le, une étrange fascination à entendre parler de choses si profondes, alors même qu'on ne les comprend pas, et qu'elles ne sont pas mieux comprises de ceux qui en discutent. On y éprouve le frisson des grands problèmes; on y sent la présence de l'Infini.
> WILLIAM JAMES.

PARIS
LIBRAIRIE FÉLIX ALCAN
108, BOULEVARD SAINT-GERMAIN, 108
—
1912

Tous droits de traduction et de reproduction réservés.

CONTRE LA MÉTAPHYSIQUE
QUESTIONS DE MÉTHODE

I

IDÉAL ET MÉTHODE

> J'écris pour proposer mes idées à ceux qui cherchent la vérité. Quant aux personnes qui ont besoin, dans l'intérêt de leurs croyances, que je sois un ignorant, un esprit faux ou un homme de mauvaise foi, je n'ai pas la prétention de modifier leur avis.
>
> Ernest Renan.

Je réunis dans ce volume un certain nombre d'études ayant pour objet diverses questions de méthode et d'enseignement. Quoique diverses, ces études tirent un caractère commun du fait que je les ai successivement entreprises pour montrer la nécessité de l'application de la méthode scientifique *impersonnelle* à tous les problèmes dont la solution nous intéresse réellement, pour montrer aussi la fragilité des solutions provisoires fournies à notre inquiétude par des méthodes dans lesquelles le sentiment tient beaucoup plus de place que la raison.

Les essais que j'ai placés en tête du recueil, et qui lui ont fourni son titre, sont de véritables pamphlets contre la tendance de ces métaphysiciens, si religieusement écoutés aujourd'hui par la majorité des gens instruits, et qui ont la prétention de substituer, à la vérité impersonnelle des savants, des préférences sentimentales et des goûts individuels. Le succès prodigieux de ces philosophes n'est pas seulement imputable à leur talent de virtuoses; il s'explique surtout par la similitude des hommes, qui tous, dans notre race, sauf de rares exceptions un peu monstrueuses, possèdent un fonds commun de croyances et de sympathies, héritage des siècles antérieurs à l'ère scientifique. Quand nous ne croyons plus à la valeur absolue des principes que nos pères nous ont transmis, nous ne pouvons nous empêcher de leur accorder néanmoins notre affection et notre respect; ceux d'entre nous, qui osent entreprendre de les amoindrir en montrant leur origine historique, se considèrent eux-mêmes comme des iconoclastes, et déplorent la curiosité coupable qui les a poussés à scruter les recoins les plus vénérés de la conscience humaine. Ils ne s'étonnent donc pas d'être traités de blasphémateurs et de se voir préférer les merveilleux artistes dont l'œuvre, un peu nébuleuse il est vrai, mais d'autant plus sympathique peut-être qu'elle est plus obscure, affirme la solidité des principes que nous aimons tous. Et cependant, esclaves de leur méthode, les savants poursuivent leur enquête, avec le secret espoir que, malgré les apparences actuelles, la vérité, lorsqu'elle sera complètement découverte, sera peut-être un jour aussi agréable que l'erreur.

On méprise ces chercheurs hardis qui font passer la raison avant le sentiment ; on les accable ordinairement en répétant cette phrase de manuel : « Ils se traînent péniblement dans les bas-fonds sans idéal d'un matérialisme grossier. » « Matérialisme grossier », « matérialisme abject », voilà des expressions peu flatteuses, et dans lesquelles on n'est pas fier de voir résumer l'effort de toute sa vie ! Les mots ont un prestige durable, et le seul fait de voir qualifier habituellement d'abjecte une certaine méthode de recherches suffit à déconsidérer les chercheurs qui l'emploient de préférence à toute autre ; ces chercheurs mêmes sont quelquefois impressionnés par cette épithète désobligeante, et sont désolés d'apprendre qu'ils suivent une voie immonde, même lorsqu'ils sont persuadés que cette voie est la meilleure pour la découverte de la vérité. Ce qui me paraît plus étrange, c'est que l'on déclare « dépourvus d'idéal » ces hommes qui consacrent toute leur existence à des études désintéressées. Il doit y avoir là-dessous une question de mots mal définis, comme cela a lieu dans presque toutes les querelles philosophiques.

Pour le grand public, le mot « matérialiste » est ordinairement synonyme du mot « jouisseur » ; il sert à désigner ceux qui réduisent leur vie aux actes de la nutrition. Quand on dit qu'une personne a une vie purement matérielle, cela veut dire qu'elle méprise les choses de l'esprit et met au premier plan l'accomplissement des fonctions de la table, du lit, voire de la garde-robe. Bien entendu, c'est le grand public qui juge ainsi ; les philosophes attachent un tout autre sens aux mots en *iste* qu'ils emploient, mais, cependant, les spiritualistes ne sont pas fâchés de profiter du succès facile que leur procure l'équivoque. Des milliers de gens se disent spiritualistes pour qu'on soit bien convaincu que leurs sentiments sont très nobles, que leur idéal est très élevé ; et ils méprisent le terre-à-terre de ceux qui ne croient pas à l'existence indépendante de l'esprit ; ils s'en voudraient, dans leur délicatesse infinie, d'avoir quelque chose de commun avec des malheureux auxquels on applique sans cesse les épithètes de « grossier » et d' « abject », de même qu'il y a des hommes qui ne peuvent pas s'empêcher d'être antisémites, parce que, dans leur entourage, ils ont toujours entendu dire « sale juif ». La magie des mots est pour beaucoup dans le succès du spiritualisme. Les prodigieuses découvertes de la physique moderne n'ont pas réussi à guérir nos contemporains de cette idée que tout ce qui est *matériel* est *grossier*. Les croyances enfantines de nos ancêtres du moyen âge sont encore, pour beaucoup de nos congénères, infiniment plus subtiles que les merveilleux phénomènes de l'optique physique et de l'électricité. Contre cette puissance du verbe, il ne faut pas s'entêter ; il faut rechercher la vérité pour soi-même, avec la méthode que l'on juge la meilleure, sans se préoccuper de savoir si la foule des gens *cultivés* aimera un jour cette vérité malgré de vieilles et chères habitudes. Pendant bien longtemps encore, on s'étonnera sans doute qu'un savant qui n'est pas spiritualiste puisse être néanmoins un homme vertueux ; on ne comprendra pas qu'un biologiste ne nie pas l'importance des choses de l'esprit, parce qu'il croit que la pensée de l'homme résulte de changements qui se produisent dans la structure matérielle du corps humain. On ne voudra pas voir que seule une question de méthode divise des chercheurs également altérés de vérité; et l'on continuera de dire que ceux qui dénigrent la méthode des métaphysiciens sont des gens dépourvus d'idéal.

L'idéal ! aucun mot n'a plus de prestige ! Pour chacun de nous il représente sans doute des choses différentes, mais, d'une façon générale, il indique toujours un but indépendant de notre intérêt immédiat, un but désintéressé, et qui est d'autant plus désintéressé qu'on est plus sûr de ne jamais l'atteindre. Si nous croyons que la vérité est triste, il sera bon de ne pas la voir trop clairement ; il sera bon de poursuivre une chimère, avec la certitude que cette chimère fuira sans cesse devant nous, car, si nous l'atteignions, elle deviendrait la vérité et serait laide comme elle. Quelles que soient les définitions que chacun se donne de l'idéal, il y a sans doute toujours un point commun dans toutes ces définitions, c'est que l'idéal est quelque chose que l'on poursuit indéfiniment, mais que l'on n'atteindra jamais. Ainsi, la beauté d'une recherche viendrait de la certitude que cette recherche est vaine !

Un esprit scientifique acceptera difficilement cette manière de voir. Celui qui aime la vérité sera tellement heureux de l'avoir trouvée, qu'il se consolera de toutes les ruines accumulées au cours de sa poursuite ; l'amour de la vérité remplacera pour lui tous les vieux principes aimés, que la découverte de la vérité aura fait évanouir.

« Gardons-nous, dit Bersot[1], de confondre l'idéal et la chimère ; la chimère est une fantaisie, une imagination sans raison, une conception contre nature ; les anciens en donnaient bien l'idée quand ils formaient leurs chimères de parties qui ne peuvent aller ensemble, le corps d'une chèvre, la tête d'un lion et la queue d'un dragon ; l'idéal n'est point cela ; il n'est rien de monstrueux ; c'est proprement une chose existante prise dans sa perfection : sans doute cette perfection n'est pas actuellement réalisée, mais la réalité y tend ; c'est sa destinée, sa règle, l'ordre le meilleur où elle puisse être, et où elle s'efforce de se placer ; c'est, dans la vie privée, la sainteté, dans la vie publique, la justice et la fraternité la plus complète, c'est-à-dire la perfection ; et il est également sûr que l'homme y tend, et qu'il n'y arrivera jamais. »

---

1. *Journal des Débats*, 22 octobre 1864.

Dans cette citation, empruntée à un homme que tous ceux qui l'ont connu ont considéré comme l'un des plus nobles échantillons de l'espèce humaine, je relève d'abord cette affirmation dernière que l'un des caractères de l'idéal est l'impossibilité d'y parvenir. Je remarque ensuite que tout homme, fut-il un esprit de premier ordre, ne peut s'empêcher de considérer, comme étant « l'Idéal » en général, ce qu'il a adopté, d'après sa nature, comme idéal particulier. Pour Bersot, qui fut un juste et un saint, l'idéal réside dans la sainteté et la justice. Mais il reconnaît que l'homme n'y parviendra jamais ; en regardant de près l'histoire des hommes, il aurait pu ajouter que nous ne nous en sommes pas sensiblement approchés depuis les temps historiques ; il y avait déjà, avant l'ère chrétienne, des Socrate et des Aristide ; les sages et les justes ne sont, à notre époque, ni plus nombreux ni plus parfaits. Rien ne nous permet de croire que la fraternité et la justice règneront de plus en plus dans l'espèce humaine, et, par conséquent, ceux qui ont pour idéal l'avènement de la justice et de la fraternité doivent prévoir que cet idéal ne sera jamais atteint. De plus, Bersot a tiré de sa belle nature et non de l'examen impartial des faits, l'affirmation que l'homme tend fatalement vers cette perfection sociale et qu'il s'en approche petit à petit.

Mais alors, si nous poursuivons cet idéal depuis toujours, sans nous en être sensiblement approchés après tant de siècles de « progrès » (!!), *ne serait-ce pas qu'il est incompatible avec la nature de l'homme ?* Cet idéal ne serait-il pas, quoi qu'en pense Bersot, une chimère d'autant plus séduisante pour nous que nous sommes plus sûrs de ne jamais l'atteindre tant que nous serons des hommes? La puissance de l'habitude et de la tradition est si grande parmi nous, que nous ne nous révoltons pas à l'idée de poursuivre sans cesse un mirage décevant ; nos pères se sont entêtés à le prendre comme but ; nous imitons nos pères ; nous aimons ce qu'ils ont aimé ; nous désirons ce qu'ils ont désiré ; il n'y a aucune raison pour que cela change jamais !

Voici une anecdote, qui se colporta dans la marine de l'État, il y a quelque trente ans, et qui illustre assez convenablement la controverse entre l'idéal et la logique :

Le commandant d'un navire était en mauvais termes avec l'officier de quart (o fraternité humaine ! on isole quatre hommes sur une coque de noix, et ils se haïssent !). Ce commandant, montant un soir sur le pont après son dîner, vit à l'horizon une grande lueur rouge, et dit à son subordonné : « Mettez le cap sur ce bateau qui brûle », puis il redescendit dans sa cabine. L'officier obéit sans mot dire, riant intérieurement du bon tour qu'il allait jouer à un chef détesté, car il avait reconnu dans ce prétendu incendie les signes avant-coureurs du lever de la lune. Quelque temps après, le commandant fit demander par un timonier si l'on s'était sensiblement rapproché du lieu du sinistre. Le lieutenant répondit négativement. Le capitaine de vaisseau, impatienté, remonta enfin sur le pont, et l'officier lui désigna silencieusement la lune déjà haute dans le ciel. « Remettez en route ! » dit le chef, furieux d'avoir été berné. Et, à la fin de son quart, le subalterne écrivit consciencieusement sur le journal de bord :

« A huit heures, mis le cap sur la lune ; à neuf heures et demie, comme on ne s'en rapprochait pas sensiblement, on a remis en route. »

Après avoir, pendant tant de siècles, « mis le cap sur la lune », l'humanité peut-elle encore reconnaître son erreur, se ressaisir, et « remettre en route » ? Nos pères l'ont cru d'abord, quand ils ont constaté les premiers miracles de la Science. Dans cette voie où l'on ne pouvait nier un progrès réel, où le mot progrès prenait une signification précise, alors qu'il est si difficile de le définir quand il s'agit d'art ou de morale, on a espéré que l'on allait enfin réaliser une véritable marche en avant, et se rapprocher du but si lointainement entrevu pendant des milliers d'années. Naturellement, par une inconséquence qui trouve son explication dans la loi biologique d'habitude, on demanda aux méthodes nouvelles de conduire *là où les anciennes croyances avaient inspiré le désir d'arriver* ; on ne supposa pas que ces méthodes nouvelles étaient susceptibles de mener dans une direction différente, et que la Science pouvait découvrir une vérité *autre* que celle qu'on avait rêvée avant l'ère scientifique. Nous aurions aimé la

Science, si elle avait démontré le bien fondé de nos anciennes et chères illusions ; du moment qu'elle s'écarta de la vieille ornière, on déclara qu'elle était impuissante, et que tout ce qu'elle découvrirait n'entamerait aucunement la foi ancestrale.

Ainsi, après un premier engouement qui a peu duré, on est arrivé bien vite à limiter le champ des investigations de la Science. Les plus grands savants, qui étaient des hommes et des hommes de tradition, ont tracé un fossé infranchissable entre le domaine de l'idéal et le domaine ouvert aux recherches scientifiques. La science pouvait étudier les lois de la physique et de la chimie ; elle pouvait amener les hommes à construire ces machines merveilleuses qui lui assurent la domination incontestée du monde ; elle pouvait encore, à la rigueur, entreprendre l'étude des parties inférieures et matérielles des phénomènes vitaux; mais Claude Bernard lui-même lui défendit de monter plus haut. *Sutor, ne ultra crepidam!* Biologiste, tu pourras connaître la nature des aliments et des excréments de l'homme; tu pourras évaluer la quantité de travail que fournit un cheval après avoir mangé tant de litres d'avoine; mais il y aura toujours un domaine dans lequel tu ne pénétreras pas ; la construction de la forme des êtres vivants sera pour toi un mystère inaccessible ; la genèse de leur pensée, qui est une forme d'un autre ordre, te restera cachée à jamais !

Victime de l'autorité de la tradition, Claude Bernard lui a apporté l'appoint de son génie. Son nom est désormais, entre les mains des traditionalistes, une arme puissante contre ceux qui osent entreprendre l'étude complète de la vie, contre ceux qui osent affirmer que la science, créée par l'homme, peut étudier l'homme tout entier et soulever un coin du voile qui cache ses destinées. Pasteur, qui faisait table rase de la tradition quand il s'agissait des idées relatives à la fermentation et aux maladies, refusait délibérément d'adopter la même attitude vis-à-vis des croyances ancestrales sur la nature de l'homme.

Les plus hardis des chercheurs hésitent à avouer qu'ils entrevoient la possibilité d'offrir à l'humanité un idéal différent de celui que nos ancêtres se sont vainement efforcés d'atteindre. Nous aimons la vérité, c'est entendu, mais à condition que cette vérité ne gêne pas certaines croyances que nous aimons plus que la vérité. Ayant mis, pendant des siècles, « le cap sur la lune », nous refusons de nous soumettre aux affirmations de la Science, quand elle nous enseigne qu'en suivant notre route, nous arriverons seulement à New-York ou à Rio-de-Janeiro. Ainsi, quoi qu'en pense Bersot, l'idéal que les hommes s'entêtent à poursuivre, et dont, depuis des siècles, ils n'ont pu se rapprocher, est vraisemblablement une chimère, mais une chimère très aimée ; et nos congénères, continuant nécessairement à marcher sur la Terre, fixeront sans cesse les yeux sur une étoile inaccessible, ce qui les exposera à tomber dans des trous, comme l'astrologue du fabuliste. Peut-être serait-il plus sage de regarder sa route, tout simplement ; mais alors, où serait le charme du voyage ? La science peut-elle fournir à l'homme, dans sa marche vers la vérité toute nue, un idéal qui ait autant d'attraits que les anciennes croyances ? Je le crois pour ma part, et depuis longtemps ; mais je ne puis m'empêcher, malgré tout, de chérir les vieilles chimères auxquelles se sont dévouées tant de générations de la race mystique dont je suis issu. Et par ainsi, je ne m'étonne pas de voir d'autres gens, qui n'ont pas comme moi l'amour maladif de la méthode scientifique, lutter de toutes leurs forces, et en employant toutes les armes que leur fournit la passion, contre l'établissement d'une biologie positive.

Lamarck est le père de la biologie ; il a ouvert une voie féconde, dans laquelle personne ne l'a suivi, malgré les réticences prudentes dont il accompagnait l'exposé de son système. Darwin, avec une œuvre beaucoup moins parfaite, a eu plus de succès ; il a fait accepter au public cultivé la théorie transformiste. Mais, dans le premier enthousiasme, on n'avait pas songé aux conséquences que devait entraîner fatalement, pour les croyances humaines, le développement logique de cette théorie.

Dès qu'on s'en est aperçu, on a fait machine arrière. Aujourd'hui les hommes ont peur du transformisme ; c'est une nouveauté trop dangereuse. L'histoire du vénérable J.-H. Fabre est bien démonstrative à cet égard. Ce naturaliste, admirablement doué pour l'observation patiente, était loin d'avoir la même valeur au point de vue philosophique. La pauvreté de ses raisonnements est évidente, et c'est un jeu facile que de détruire point par point ses argumentations. Tant que le transformisme a été en honneur près du grand public, l'œuvre pourtant si intéressante de ce consciencieux observateur n'a été connue que des gens du métier. Or, depuis quelques années, Fabre est tout à coup devenu célèbre, parce que ses raisonnements l'ont conduit à nier le transformisme. On en a fait une autorité contre l'évolution. Et ce beau vieillard a connu, à plus de quatre-vingts ans, une gloire qu'il n'avait jamais cherchée ; la gloire lui est venue des parties les plus discutables de ses ouvrages, parce que, dans ses considérations philosophiques, il a nié la valeur d'un système que repousse aujourd'hui la passion de la multitude.

Le vrai savant n'est pas sensible à l'argument d'autorité ; il est plus impressionné par un bon raisonnement que par un grand nom ; et cela choque profondément les penseurs étrangers à la méthode scientifique. Ne voulant pas reconnaître que Lavoisier a ouvert une voie nouvelle dans laquelle on pourra *tout* étudier, les amoureux de la tradition accablent de leur dédain ceux qui, ayant consacré aux sciences toute leur activité, n'ont pas eu le temps ou même le désir d'entreprendre la lecture des œuvres philosophiques antérieures à la naissance de la science. Presque tous les philosophes de métier ont reçu une éducation purement littéraire. La philosophie est, pour eux, l'histoire de la philosophie. Ne connaissant pas autre chose, ils considèrent comme des ignorants ceux qui ne savent pas ce qu'ils savent. C'est tout naturel; M. Josse est orfèvre! Je me consolerai de leur mépris en me disant que, si j'avais appris ce qu'ils enseignent, j'aurais été obligé de faire un grand effort pour essayer de l'oublier, quand j'ai voulu entreprendre, sans idée préconçue, l'étude de la nature vivante. Je n'ai pas eu cet effort à faire, et je m'en félicite; je ne suis donc et ne serai jamais qu'un ignorant!

II

ARTISTES ET METAPHYSICIENS[1]

Je crois bien que je viens de découvrir la Méditerranée ! Et ce beau résultat, je ne l'ai pas obtenu sans un grand effort, sans un effort méritoire à coup sûr, car j'ai beaucoup peiné et beaucoup souffert. J'ai éprouvé, tous les soirs, depuis huit jours, un violent mal de tête, ayant entièrement consacré mes journées à des lectures réitérées du livre de M. William James sur la *Philosophie de l'Expérience*[2]. Ne croyez pas, surtout, que je parle ici ironiquement, et que je mérite aucunement l'épithète de *railleur* dont le philosophe américain stigmatise les matérialistes ; j'avoue d'ailleurs humblement que je ne sais pas exactement ce que c'est que le matérialisme, et que, par conséquent, je n'ai aucune raison de me croire complètement inféodé à cette classe de penseurs. J'ai entrepris la lecture des huit leçons du célèbre professeur

---

[1]. Cette étude a paru dans la *Grande Revue* sous le titre : Réflexions d'un Philistin sur la métaphysique.
[2]. Traduction française, Paris, 1911.

de Harvard avec la ferme intention de ne pas quitter le livre avant de l'avoir compris. De tous côtés, j'entendais parler de l'ouvrage de W. James comme de l'une des plus hautes manifestations de la pensée humaine, et seul ou presque seul, parmi les gens cultivés que je connais, je n'avais pas pénétré dans le sanctuaire. J'étais profondément humilié de cette constatation, et, cependant, le souvenir d'une mésaventure, qui m'arriva il y a trois ou quatre ans, me retint longtemps au seuil de l'ouvrage.

Cette fois-là, il s'agissait de *l'Évolution créatrice* de M. Bergson. M. Bergson est assurément le plus célèbre de tous les philosophes aujourd'hui vivants. Je me laissai donc persuader par des amis qui m'avaient vivement reproché d'ignorer son livre, et je me décidai à faire un effort; mais mon effort n'alla pas jusqu'à la migraine renouvelée huit jours de suite ; je crus saisir certaines lueurs, et je renonçai à comprendre tout le reste. Au fond, j'avais piteusement échoué, même là où je croyais avoir à peu près compris. L'auteur me le fit bien voir [1], et alla même jusqu'à supposer que j'avais parlé de son livre sans l'avoir lu.

Si cette mésaventure me fit hésiter devant l'ouvrage de W. James, ce fut son souvenir, qui, en fin de compte, triompha de mes dernières hésitations. Je me laissai dire, en effet, que le philosophe américain avait *très clairement* exposé, dans l'une de

---

1. *Revue du Mois*, septembre 1907.

ses leçons, l'œuvre scientifique de M. Bergson. Je pensai, en conséquence, que je ferais d'une pierre deux coups, et que l'effort consacré à l'un des auteurs me les ferait comprendre tous les deux. Je confesse cependant que je ne m'attendais pas à rencontrer autant de difficultés ; je dus m'armer d'un réel courage pour ne pas me laisser rebuter avant la fin. Je fus d'ailleurs soutenu dans mon exploration fatigante par quelques découvertes que je fis en cours de route, découvertes parfois puériles, analogues le plus souvent à celles que fait l'honnête Stockmann au cours de ses mésaventures réitérées dans l'*Ennemi du peuple* d'Ibsen.

La première de mes découvertes fut de m'apercevoir que M. James se trouve, vis-à-vis de Hegel, dans une situation analogue à celle où je suis moi-même vis-à-vis de MM. James et Bergson. Voici une phrase que je copiai (p. 87) et qui me donna beaucoup à réfléchir :

« La seule chose certaine est que, quoi que vous puissiez dire de la méthode de Hegel, il y aura quelqu'un pour vous accuser de l'avoir mal comprise. Je n'ai pas la prétention de la comprendre, je l'interprète uniquement d'après mes propres impressions. »

J'avais toujours cru, dans mon invraisemblable ignorance, que les grands philosophes sont comparables aux grands savants, et qu'une étude approfondie doit permettre à un homme intelligent de *comprendre* toute leur œuvre, s'il s'y met de bonne foi et sans parti pris. Or voilà qu'un grand philosophe, M. James, déclare qu'il n'a pas la prétention d'avoir compris un autre grand philosophe, Hegel! Cela ne rapprocherait-il pas les philosophes des artistes plutôt que des savants? Si intelligent qu'on soit, on peu rester fermé à l'œuvre d'un peintre ou d'un musicien, alors que cette œuvre est pleinement goûtée par d'autres hommes du même niveau intellectuel.

La lecture des pages suivantes me confirma dans cette première opinion; au milieu d'un grand nombre de phrases qui me paraissaient douloureusement obscures, j'en trouvais d'autres qui me consolaient de mon incompréhension, en me permettant de classer les métaphysiciens dans la catégorie des artistes :

« Non seulement les empiristes, mais aussi les partisans de l'absolu, écrit W. James (p. 116), confesseraient tous..., que la toute première chose dans leur philosophie, c'est leur *vision* d'une vérité possible, et qu'ils emploient ensuite leurs raisonnements à la convertir de leur mieux en une certitude ou en une possibilité. »

Cette idée de l'importance de la *vision* du philosophe, cette idée que sa vision est la chose qui donne de l'intérêt à son œuvre, se retrouve cent fois, sous des formes différentes, dans le livre de W. James. Je choisis un passage où cette opinion est exprimée avec beaucoup de clarté (p. 18):

« Permettez-moi de vous répéter une fois de plus que la *vision* d'un homme est chez lui le point important. Qui se soucie des *raisons* de Carlyle, ou de celles de Schopenhauer, ou de celles de Spencer ? Une philosophie est l'expression du caractère d'un homme dans ce qu'il a de plus intime, et toute définition de l'Univers n'est que la réaction adoptée à son égard par une certaine personnalité. »

Mais alors la philosophie est *personnelle* comme l'art, et s'oppose absolument à la Science, dont le principal caractère est l'impersonnalité. Il en résulte que la philosophie *n'est pas transmissible* comme la science ; Il est donc tout naturel que Hegel, obscur pour M. James, soit fermé pour moi. M. James se rend compte assez souvent, d'ailleurs, de l'effort énorme qu'il demande à ses lecteurs : « je m'exprime, j'en ai peur, d'une façon terriblement obscure », dit-il à plusieurs reprises, et, particulièrement, page 193. Ces petites phrases m'ont rempli de joie en me faisant penser que je ne suis peut-être pas aussi seul que je le croyais, dans mon incompréhension. Je serai d'ailleurs tout à fait consolé, si j'arrive à me démontrer que les philosophes sont des artistes.

Or voici une autre raison de le croire.

Jamais il n'arriverait à un savant de se livrer à des considérations esthétiques pour juger de la valeur d'une découverte, tandis que W. James écrit (p. 106):

« L'Univers du matérialisme mécaniste est intellectuellement le plus rationnel, car tous ses phénomènes se laissent soumettre au calcul mathématique, mais le mécanisme *est laid*, comme l'arithmétique *est laide*, et il n'a rien de moral. »

Évidemment, ce sont là des opinions esthétiques, personnelles à W. James. Il peut y avoir des gens qui, incapables de goûter la Symphonie pastorale, éprouvent une émotion artistique profonde devant la synthèse que réalise la formule de Newton. Ce sont là des particularités individuelles qui, naturellement intransmissibles, ne présentent, par suite, aucun intérêt. J'ai cependant été très heureux de trouver à plusieurs reprises des affirmations analogues dans le livre de W. James, car ces affirmations m'ont persuadé de plus en plus que je ne me trompe pas en cataloguant les métaphysiciens parmi les artistes.

Or, qu'est-ce qu'un artiste ?

Un artiste est, à mon avis, un homme qui, ayant éprouvé une certaine émotion, la représente, d'une manière qui lui est personnelle, dans une œuvre où *il* la retrouve ensuite. Si, dans l'humanité, il existe des individus construits sur le même modèle que cet artiste et capables de vibrer *à l'unisson* avec lui[1], ces individus privilégiés éprouveront, devant l'œuvre, une émotion de même ordre que celle qu'a éprouvée l'artiste créateur lui-même ; ils seront des *résonateurs* de cet artiste, tandis que d'autres hommes, faits différemment, n'éprouveront, en présence de la même œuvre,

---

1. Voir mon livre *Science et Conscience* et *l'Art et le Geste* de Jean d'Udine (Librairie Félix Alcan).

aucune émotion. On dira, de ces derniers, qu'ils ne la *comprennent* pas.

L'œuvre d'art est donc un langage, mais pas un langage à l'usage de tous ; ce langage n'est utilisable que pour quelques élus qui possèdent, dans leur structure personnelle, la possibilité de vibrer à l'unisson avec l'artiste créateur ; ceux-là, les élus, comprennent sans effort la « pensée » de l'artiste : elle leur apparaît sans voile dans l'œuvre, qui est ainsi simplement un hiéroglyphe dont ils ont la clef. L'éducation peut, sans doute, développer, chez ceux qui y sont prédisposés, la faculté de comprendre les productions d'un artiste donné, mais, chez ceux qui n'ont pas cette prédisposition antérieure, l'éducation la plus soignée ne donnera rien ; ils resteront devant un mur à jamais fermé.

En revanche, ceux qui, par nature, sont d'accord avec le peintre ou le musicien dont une œuvre leur est soumise, *comprendront* immédiatement sans avoir besoin d'études préalables. Ceux-là seront les adeptes fervents, mais, par là même qu'ils ont très facilement compris, *ils ne comprendront pas que d'autres ne comprennent pas* ; peut-être même ne pourront-ils pas croire à la bonne foi de ceux qui avouent leur incompréhension !

Je ferme la parenthèse, et je reviens « à la philosophie de l'expérience ».

W. James avoue, nous l'avons vu, qu'il n'a pas la prétention de pénétrer entièrement la pensée de Hegel. Je ferai à mon tour le même aveu relativement à la sienne, quoiqu'il m'ait donné cette consolation, en me montrant que les philosophes sont des artistes, de ne plus éprouver trop d'humiliation en constatant mon inaptitude à les comprendre.

J'ai été assez tardivement guéri d'une cause d'humiliation du même ordre ; elle provenait de mon peu d'aptitude à apprécier certaines peintures très célèbres.

Quand, après avoir lu, dans une revue ou un journal, des dithyrambes extravagants au sujet d'un tableau, j'allais, plein d'enthousiasme préconçu, plein du désir de m'extasier, admirer le chef-d'œuvre tant vanté, j'éprouvais, *toujours* hélas ! la même déception. Je ne retrouvais dans la comtemplation de la peinture aucune des émotions surhumaines que m'avait promises la littérature emphatique du critique d'art. Et je le traitais *in petto* de charlatan. Je sais aujourd'hui que j'avais tort, au moins dans une certaine mesure, car j'admettrai difficilement qu'il n'y ait pas quelque exagération dans cette phrase d'un admirateur d'une symphonie moderne : « Jamais il ne s'en est fallu de si peu que le mystère entier des mondes nous fût révélé ! »

Depuis que j'ai lu « la philosophie de l'expérience » je ne m'étonne plus de ne pas partager toujours l'enthousiasme des critiques philosophes, de même que je ne partageais pas toujours celui des critiques artistes. Il s'agit, dans l'un comme dans l'autre cas, de convictions personnelles *in-*

transmissibles ; c'est pour moi un grand soulagement d'avoir compris cela.

Du fait que les systèmes philosophiques sont des œuvres d'art, je tire immédiatement deux conclusions qui me paraissent fort raisonnables :

D'abord, il n'est pas étonnant de voir que les philosophes les plus subtils ont tant d'admirateurs parmi les gens d'une culture générale assez restreinte. Il n'est pas nécessaire d'être instruit pour admirer la Symphonie pastorale ou la Joconde. Il suffit de se trouver à l'unisson avec l'auteur. Tout au plus peut-on penser qu'une éducation appropriée développera la faculté de vibrer, *pourvu qu'elle existe déjà*. Mais il est inutile de connaître aucune science pour pénétrer une œuvre méthaphysique : et en effet, W. James ne fait pas allusion dans son livre à un seul fait qui ne soit connu de tout le monde. Je ne m'étonne plus, par conséquent, qu'il soit admiré et presque déifié par des gens qui n'ont pas consacré six semaines de leur existence à l'étude de la nature, alors que moi qui y ai dépensé plus de vingt ans, je ne le comprends pas.

Ma seconde conclusion me fera traiter d'iconoclaste ; mais j'ai déjà été traité de philistin parce que je n'aime, en fait d'œuvres d'art, que celles qui me font plaisir ; et je suis vraiment à ce point de vue un philistin incurable !

Cette conclusion, c'est que la métaphysique, qui n'a aucun besoin de la science, *ne peut non plus lui être d'aucune utilité*. L'œuvre de M. Bergson ne sera pas plus utile à la conquête scientifique du monde, que ne l'a été celle de Phidias ou celle de Beethoven. Et me voilà consolé de ne pas comprendre la métaphysique !

J'ai peur d'avoir dépassé ma pensée dans les lignes précédentes ; je regrette sincèrement d'être fermé à certaines émotions artistiques, et je donnerais beaucoup de ce que je sais pour en éprouver quelques-unes que j'ignore ; mais l'homme le moins doué au point de vue artistique n'est jamais entièrement nul ; on a beau être *mathématisé,* on conserve des côtés *personnels* inexprimables et impénétrables ; je suis même peut-être, comme Hegel et W. James, un artiste producteur, car j'ai écrit sûrement des choses que j'ai été à peu près seul à comprendre. Ce n'est pas que j'en sois fier, et je n'ai pas envie de m'écrier, en paraphrasant la phrase du Corrège : « Anch'io son' pittore ! ». J'aimerais mieux avoir été toujours clair.

*
* *

Si la langue des métaphysiciens, comme celle des artistes producteurs, s'adresse à un public restreint formé uniquement de leurs *résonateurs* personnels, elle jouit encore d'une autre propriété qui la rend supérieure, pour un certain public, (inférieure, au contraire, à mon avis), à la langue éminemment impersonnelle des mathématiciens. Cette propriété remarquable, c'est que ceux qui la perçoivent, ceux qui vibrent à l'unisson du métaphysicien ou de l'artiste, ne sont pas ordinairement d'accord sur ce qu'ils comprennent ; ils sont agréablement émus, et c'est là leur seul point commun ; mais cela ne les empêche pas de conserver, par ailleurs, leurs attitudes premières, notamment vis-à-vis des questions religieuses ou sociales. Un catholique et un anarchiste, qui entendent en même temps la Symphonie en ut mineur, éprouvent en même temps des émotions, vraisemblablement différentes, et restent l'un anarchiste, l'autre catholique comme devant. Ils ne s'imaginent pas, je pense, que Beethoven ait exprimé, précisément, dans son œuvre, leur croyance religieuse ou sociale ; tandis que, quand ils communient en Bergson ou en James, chacun d'eux reconnaît, dans l'œuvre de ces subtils artistes, l'expression de sa propre pensée ; tous deux tirent, de la lecture des ouvrages de métaphysique, de nouvelles raisons d'être, l'un plus anarchiste, l'autre plus catholique que dans le passé.

Le langage scientifique ne saurait lutter, pour ce qui est de la popularité, avec un langage qui jouit de telles prérogatives ! Il faut apprendre longtemps des choses pénibles et *laides,* pour comprendre un langage scientifique qui nous montre ensuite l'absurdité, la vanité au moins de nos plus chères croyances ; tandis que le langage métaphysique, compris d'emblée et sans effort préalable par les élus auxquels il est accessible, s'accorde en outre, *chez tous,* avec les croyances préexistantes les plus diverses. Il y a pourtant eu, de tout temps, des querelles interminables entre les diverses écoles de métaphysiciens ; c'est que les chefs de ces écoles n'étaient pas des virtuoses suffisants. Notre époque semble avoir fourni enfin les merveilleux artistes qui mettront tout le monde d'accord.

.*.

L'une des leçons les plus instructives, pour les barbares comme moi, est celle que M. James consacre à Fechner. L'auteur ne dissimule pas son admiration profonde pour ce philosophe qui a eu, dit-il, une « *vision passionnée* » du monde, et d'ailleurs, quoique ayant discuté son œuvre dans quelques-uns de ses détails, il admet finalement (p. 298) « une probabilité décidément *formidable* en faveur d'une conception générale de l'Univers presque identique à celle de Fechner ». Or je ne sache pas qu'il soit possible de nier la nature *purement poétique* de l'œuvre de Fechner telle qu'elle est exposée par W. James. D'abord, le but de l'auteur est, non pas de chercher comment est le monde, mais bien d'imaginer un monde tel que *l'intimité* de l'homme avec Dieu y soit aussi parfaite que possible :

« Il y a place dans son univers pour tous les degrés d'êtres spirituels entre l'homme et le Dieu suprême qui renferme tout. Toutefois, en nous suggérant ce que peut être le contenu positif de tout ce monde surhumain, c'est à peine si l'auteur laisse son imagination s'envoler au delà des simples esprits de l'ordre planétaire. Il croit *passionnément* à l'âme de la Terre : Il regarde la Terre comme notre ange gardien, comme un ange tout spécialement attaché à l'homme ; et il pense que nous pouvons prier la Terre comme les hommes prient leurs saints » (p. 145).

Et plus loin (p. 155) :

« Tous les éléments possèdent chacun en propre certains êtres vivants qui en sont comme les citoyens particuliers. L'océan céleste peut-il ne pas avoir les siens, — cet océan formé par l'éther, aux vagues faites de lumière, où flotte la Terre elle-même ? Peut-il ne pas avoir ses habitants, d'autant plus élevés qu'ils font partie d'un élément plus élevé ; êtres qui n'ont pas besoin de nageoires pour nager, ni d'ailes pour voler... Les hommes ont toujours inventé des fables sur les anges qui ont pour séjour la lumière, se passent de toute nourriture et de tout breuvage comme la Terre en donne, et qui servent de messagers entre Dieu et nous. Or voici des êtres réellement existants, ayant pour séjour la lumière, et qui se meuvent à travers le ciel, se passant de toute nourriture, de tout breuvage, et qui, servant d'intermédiaires entre Dieu et nous, obéissent à ses commandements. Si donc les cieux sont bien la demeure des anges, il faut que les corps célestes soient précisément ces anges eux-mêmes, car d'autres créatures *dans les cieux*, il n'en existe absolument pas. Oui la Terre est notre immense ange gardien à tous, l'ange qui veille sur tous nos intérêts étroitement solidaires. »

Si tout cela était signé Victor Hugo, j'admirerais volontiers, à condition que les vers fussent beaux, la langue sonore, l'expression puissante. Mais si c'est là ce que les métaphysiciens proposent à leurs adeptes comme nourriture *philosophique,* je me demande vraiment pourquoi on ne leur a pas réservé une place aux petites maisons. W. James n'est pas de mon avis, et pour cause :

« La puissance de cet homme (Fechner) tient entièrement à la profusion de son imagination concrète, à la multitude des points qu'il envisage successivement, à l'effet produit tout à la fois par son érudition, sa profondeur et son ingéniosité dans les détails, à l'admirable naturel de son style, à la sincérité qui éclate dans toutes ses pages, et enfin, à l'impression qu'il donne d'un homme qui ne vit pas d'une vie d'emprunt, mais qui *voit,* qui vraiment parle en homme ayant qualité pour parler, et non comme s'il appartenait au troupeau des scribes professionnels de la philosophie ! » (p. 146).

Je ne crois pas me tromper beaucoup en disant que les systèmes de Fechner et de James proviennent de leur *désir* de rencontrer le *parfait,* de montrer *Dieu en intimité* avec l'homme, etc. D'autres hommes, ayant les mêmes *désirs,* sont satisfaits de trouver dans ces auteurs un aliment à leur sentimentalité.

Non seulement cela n'est pas de la science ; c'est tout le contraire de la science ! On ne se demande pas : Comment est fait le monde ? Question à laquelle la science répond encore bien imparfaitement ; voici plutôt le problème que l'on se pose : Comment puis-je imaginer que soit le monde pour que mes sentiments religieux et affectifs correspondent à des réalités ? Et cependant, W. James reproche à certains auteurs d'avoir trop accordé à la volonté de croire (p. 188) :

« Mon impression fut que, chez ces philosophes, la volonté de croire au monisme en prenait vraiment trop à son aise. Ma conscience à moi, ne m'avait pas permis de prendre d'aussi grandes libertés. »

Rien n'est à mon avis aussi peu scientifique que la volonté de croire ; et cependant cette volonté de croire s'est rencontrée chez de grands hommes de science ; Pasteur *voulait* avoir une âme immortelle, mais en cela il n'était plus un savant ; il n'était qu'un homme qui avait peur de la mort. Les philosophes *veulent* trouver une *raison d'être à tout ce qui est* ; il faut que tout ait un but ; ils ne veulent pas croire au néant de la vie. Et leurs systèmes sont destinés à ceux qui *veulent* la même chose qu'eux. Mon erreur fondamentale a été de penser qu'ils pouvaient être considérés comme des hommes de science ; ce sont des artistes.

Je n'ai pas la prétention d'exposer ici ce que j'ai compris du système de W. James ; il est probable que je prêterais à rire si je me livrais à ce petit exercice, car je n'ai jamais songé à me demander, ce qui est, paraît-il, de la plus haute importance, « si l'Univers est ou n'est pas rationnel ». Je serais d'ailleurs bien incapable, après huit jours d'efforts douloureux, d'expliquer, sans réciter des textes appris par cœur, en quoi le *pluralisme* diffère du *monisme*. Et j'en suis humilié, à cause du nombre de gens que je connais, et pour qui tout cela est merveilleusement clair ; mais si j'en suis humilié, je n'en suis plus effrayé comme je l'aurais été, avant d'avoir compris que les métaphysiciens sont des artistes. Je lis sans terreur cette phrase de James (p. 305) :

« Il peut arriver en effet qu'une philosophie soit une réaction de l'Univers sur lui-même — *et une réaction de la plus haute importance*. La présence des philosophes et l'existence de leurs théories peuvent exercer une influence sur la manière dont l'univers prend conscience de lui-même et *dont il se comporte*. » Tout cela serait effrayant, si on pouvait le croire ; mais cela me paraît aussi absurde que d'admettre une influence de la pensée de Beethoven sur la marche de la comète de Halley !

*
* *

W. James affirme à plusieurs reprises qu'il a tiré grand profit de l'œuvre de M. Bergson. Et je me suis particulièrement attaché aux passages dans lesquels il explique pourquoi et comment. C'est surtout, en effet, avec le désir de comprendre quelque chose au système du célèbre professeur du Collège de France que je me suis imposé la lecture très attentive de « La Philosophie de l'Expérience ». Or voici ce que W. James écrit (p. 205) :

« C'est la lecture de ses ouvrages qui m'a enhardi. Si je n'avais pas lu Bergson, j'en serais encore, probablement, à noircir des pages et des pages pour moi tout seul dans l'espoir de faire se rejoindre des extrêmes qui n'ont jamais été faits pour se rencontrer ; j'en serais encore à tenter de découvrir, sur la manière dont se comporte la réalité, une conception telle que cette réalité puisse cesser d'être aucunement réfractaire aux lois qu'on accepte comme imposées par la logique de l'identité. »

Et un peu plus loin (p. 206) :

« La contribution essentielle de Bergson à la philosophie est sa critique de l'intellectualisme. Selon moi il a tué l'intellectualisme, définitivement et sans retour. »

Puis, M. James explique ce que c'est que l'intellectualisme. Ici, j'ai peur d'avoir mal compris ; c'est trop clair ! (p. 207) :

« L'intellectualisme a sa source dans la faculté qui fait notre principale supériorité sur les animaux, c'est-à-dire, dans le pouvoir que nous avons de transformer le chaos informe de notre expérience sensible en une hiérarchie de concepts. Une expérience immédiate, non encore associée à un nom, ni classée, est un simple *quelque chose* que nous subissons et qui soulève cette question : « Quelle chose suis-je ? » Lorsqu'enfin nous la désignons par un mot et que nous la classons, nous disons pour la première fois ce qu'elle est, et toutes ces désignations sont des noms abstraits, des concepts. Chaque concept représente une catégorie particulière d'objets; et, comme les choses semblent avoir été, une fois pour toutes, créées par catégories, une élaboration beaucoup plus effective commence pour telle portion de notre expérience dès que nous en avons classé les diverses parties. A une chose une fois classée, on peut appliquer la loi de sa classe. A cette possibilité sont attachés d'immenses avantages. »

Je vais encore m'attirer l'épithète de *philistin*, mais j'ai beau retourner cette citation en tous sens, j'y trouve exclusivement ceci, que le langage articulé est la grande différence entre l'homme et les animaux, et qu'il est bien commode de se servir de mots pour se faire comprendre. Encore n'y arrive-t-on pas toujours, car M. W. James s'est servi de mots, et je crains bien de ne l'avoir pas compris. Et cependant le contexte me paraît confirmer mon interprétation (p. 208):

« Théoriquement et pratiquement tout à la fois, cette faculté de former des concepts abstraits est une des plus sublimes de nos prérogatives... Il ne faut donc pas s'étonner si certains des penseurs d'autrefois, oubliant que les concepts ne sont que des extraits puisés par l'homme au flux du temps, ont fini par les considérer comme des types supérieurs de la réalité, types resplendissants, immuables, vrais, divins, et profondément opposés par leur nature au monde inférieur toujours en mouvement, toujours agité. Dans ce dernier ils ne virent plus alors, par rapport à de tels types, qu'une altération et une contrefaçon. »

Je pense instinctivement, en lisant ce passage, au vers de Victor Hugo.

« Car le mot c'est le Verbe, et le Verbe c'est Dieu ! »

De plus en plus, j'ai peur de me tromper lourdement ! Mais, encore une fois, les phrases suivantes s'accordent, en apparence du moins, avec ma manière de voir :

« L'intellectualisme, dans le mauvais sens du mot, a commencé quand Socrate et Platon ont enseigné que la *définition* d'une chose nous révèle ce qu'*est* réellement cette chose. Depuis Socrate, on n'a pas cessé de nous enseigner que la réalité se compose d'essences et non d'apparences, et que nous connaissons les essences des choses quand nous connaissons leurs définitions. »

Ainsi, le grand mérite de M. Bergson, au dire de M. James (traduit par moi ignorant), serait d'avoir rappelé aux hommes que les mots ont une valeur relative et non une valeur absolue ; qu'en appliquant aux choses le résultat de raisonnements faits sur les mots correspondants, on risque de se tromper ! Si ma traduction était exacte, je serais, au moins pour cette partie de la doctrine, plus Bergsonien que personne. J'ai essayé bien souvent de montrer le danger philosophique du langage courant ; j'ai insisté en particulier sur les erreurs qui résultent de ce qu'on a donné un nom immuable à un objet essentiellement variable comme un être vivant. Par exemple, en faisant d'un nom d'homme le sujet d'un verbe dans une phrase, on donne, par là même, à l'homme, une liberté évidente ; il devient ensuite illusoire de discuter sur la réalité de la liberté absolue [1]. De même, en disant : « Le cheval est mort », on dit une absurdité évidente, puisque le mot *cheval* s'applique à quelque chose qui, dans sa définition même, contient l'idée de vie. Il faut dire : « le cadavre de cheval est mort ! » J'ai été Bergsonien quand j'ai demandé qu'on dît, pour être moins incorrect, que le cheval *chevale* et que le poisson *poissonne*, car l'acte de vivre est différent chez un cheval de ce qu'il est chez un poisson ! Et même le langage ainsi modifié laisse encore beaucoup à désirer, car un cheval ne *chevale* pas deux fois de suite de la même manière.

Le langage a eu pour résultat de permettre aux hommes de s'entendre *pratiquement* au sujet des événements extérieurs ; il ne saurait avoir d'autre signification. La seule langue vraiment correcte serait la langue, actuellement impossible, de la mécanique universelle. Encore ce langage n'aurait-il qu'une valeur objective (celle-là tout à fait parfaite en vérité), car il laisserait de côté la connaissance subjective que chaque être peut avoir de lui-même ; il raconterait tous les changements du monde

---

[1]. *L'Individualité et l'erreur individualiste.* Librairie Félix Alcan, 1898.

sans nous mettre jamais en face de l'âme de la Terre dont parle Fechner. C'est cette croyance, chez moi absolument enracinée, qui m'a rendu adepte de la théorie de la *conscience épiphénomène*, de laquelle M. Bergson écrit[1] « qu'elle est fausse et de tout point ».

M. W. James recule devant le mot *pratique* et se déclare « prêt à fausser compagnie au professeur Bergson pour attribuer à notre entendement une fonction théorique primitive » (p. 239). Mais immédiatement il fait des réserves sur l'emploi du mot *théorique*.

« Je vous demande, dit-il, de me concéder que la connaissance théorique se réduit à des notions *sur* les choses, n'en atteint que la surface extérieure et demeure distincte de ce qui est la relation vivante, sympathique et directe avec la réalité. Cette surface, que couvre la connaissance théorique ainsi comprise, peut, il est vrai, avoir une énorme étendue... Mais une telle connaissance ne pénètre pas d'un millimètre dans le sens de la profondeur, de la consistance...; la pensée n'opère que sur des surfaces. A ce qui fait la consistance de la réalité, elle peut donner un nom, mais elle ne saurait y pénétrer aucunement. »

Je me rappelle avoir lu, dans le compte rendu d'un salon, que le maître portraitiste X... « va plus loin que la ressemblance », et cependant le peintre ne saurait pénétrer d'un millimètre dans

---

1. *Revue du Mois*, septembre 1907.

le sens de la profondeur des choses ; il n'en atteint que la surface. Le langage des métaphysiciens ressemble étrangement à celui des critiques d'art.

M. Bergson prend « le contrepied de la tradition platonicienne » (p. 241). « Replongez-vous, dit-il (p. 242), dans le flux même des phénomènes, si vous voulez connaître la vérité ; replongez-vous dans ce flux qu'a toujours dédaigné le platonisme... Placez-vous d'un bond, ou d'*emblée* comme le dit Bergson (p. 252), à l'intérieur de ce qui fait le fond même, le fond actif et vivant de la réalité : aussitôt, vous saisissez à pleines mains tout ce qui était distinction et abstraction... *Installez-vous* au sein du mouvement des phénomènes, par exemple... »

J'arrête brusquement ici ma citation ; je vais encore ne pas comprendre ; et cependant les mots sont assez clairs en apparence. Mais il faut bien que les mots aient un sens tout relatif, car lorsque je répète les phrases de M. Bergson, je dénature leur sens intime, tout en leur conservant leur forme intégrale. Reproduisant, il y a quelques années, un passage d'un article de M. Bergson dans lequel il avait exprimé ce que M. James résume dans la citation précédente, je me suis attiré de l'illustre professeur la réponse suivante[1] : « Non pas certes, que je voie un avantage quelconque, pour se rendre compte d'un mouvement, à se figurer qu'on est le mobile lui-même. Qui

---

1. *Revue du mois*, loc. cit.

donc, avant M. Le Dantec, a jamais eu l'idée de cette méthode extraordinaire ?... M. Le Dantec veut que je m'amuse, toutes les fois que je vois un mobile courir, à m'installer dans ce mobile par la pensée et à courir avec lui. »

Cette dernière phrase n'est-elle pas précisément celle par laquelle je terminais tout à l'heure la citation dans laquelle W. James résume les enseignements de M. Bergson ? « Installez-vous au sein du mouvement des phénomènes. » Pour ma part je suis impuissant à saisir la différence ; mais cela tient à ce que je suis un philistin et un esprit « terre à terre ». Quelques pages plus haut (p. 240), M. James répète à peu près la même chose en d'autres termes : « La pensée n'opère que sur des surfaces. A ce qui fait la consistance de la réalité, elle peut donner un nom ; mais elle ne saurait y pénétrer aucunement, et son impuissance à cet égard n'est pas momentanée, mais définitive. La seule manière de saisir en profondeur la réalité est, ou bien d'en avoir l'impression directe parce qu'on fait soi-même partie de cette réalité, ou bien de l'évoquer en imagination, grâce à une sympathie capable de deviner la vie intérieure d'un autre être. » Cette *sympathie* capable..., etc., me paraît bien invraisemblable. Je ne me crois pas capable de pénétrer, en imagination, ni même par sympathie, dans la vie intérieure d'un escargot ou d'un oursin. Je ne puis même pas pénétrer dans la pensée de M. W. James ou de M. Bergson, quoiqu'ils soient beaucoup plus voisins de moi que les escargots ou les oursins, puisque, malgré nos dissemblances évidentes, nous sommes tous trois de la même espèce animale. Vouloir étendre la connaissance subjective à des faits que l'on ne peut connaître qu'objectivement, cela me paraît absolument illogique, mais M. James nous enseigne que « nous pouvons, à toutes les récriminations de la logique, faire la sourde oreille ».

« Cette résolution de faire ici la sourde oreille est, ajoute-t-il (p. 264), la crise ou catastrophe intérieure dont parlait le disciple de Bergson que j'ai cité plus haut. Nous sommes tellement assujettis à la tradition philosophique qui considère généralement le *logos* ou la pensée discursive comme l'unique chemin conduisant à la vérité, qu'il nous est on ne peut plus pénible de redescendre, d'en revenir à la vie réelle, de la reprendre sous sa forme brute *non encore réduite à des termes,* forme qui est plus instructive que l'autre, — et de ne plus voir dans les concepts que des choses d'un intérêt exclusivement pratique, suivant le mot de Bergson. Faire cela, c'est renoncer à cette maturité d'esprit dont nous sommes si fiers ; c'est, aux yeux de l'entendement, redevenir de petits enfants à qui manque la raison ! Néanmoins, quelque difficulté que présente une telle révolution, je crois qu'il n'existe aucun autre moyen pour se mettre en possession de la réalité. »

Évidemment, par suite même de notre manière de connaître, nous ne connaîtrons jamais du monde que les relations du monde avec nous ; si nous voulons connaître autre chose, nous nous heurterons à une impossibilité, et nous n'y arriverons pas, même en nous astreignant (comme me semble le demander le passage souligné de la citation précédente), à reprendre la vie réelle « *non encore réduite à des termes* », c'est-à-dire, si je comprends bien, à *penser sans paroles,* ce qui me paraît prodigieusement difficile. Si quelqu'un essaie de vivre, dans sa pensée, toute la vie de l'univers, en admettant même que ce soit par une ardente sympathie, je crois qu'il ne trouvera jamais, dans les replis de son cerveau, autre chose que sa propre vie personnelle. Et d'ailleurs, si un génie surhumain arrivait à ce résultat fantastique, il ne pourrait pas nous communiquer son extase, puisque les communications entre hommes se font au moyen de mots, et que les mots représentent uniquement l'*apparence* des choses. Le rêve d'un pur métaphysicien serait, me semble-t-il en résumé, d'être plongé dans un *in pace* parfaitement noir, et de s'y trouver suspendu, sans contact avec les parois du cachot. Là, sans être troublé dans sa méditation, par la vue, l'audition ou le contact, qui nous donnent des objets extérieurs une notion fausse et superficielle, le philosophe, enfin dégagé de toutes les entraves de la nature, vivrait, dans sa pensée profonde, la vie totale de l'Univers !

III

PRAGMATISME ET SCIENTISME[1]

Je n'ose croire que j'ai compris « le Pragmatisme » de William James. J'avais réservé ce livre pour les vacances, et je m'attendais à y rencontrer des difficultés analogues à celles qui m'avaient arrêté dans la « Philosophie de l'Expérience » du même auteur. A mon grand étonnement, j'ai lu presque sans effort le nouvel ouvrage du philosophe que l'Amérique vient de perdre ; mais je me défie de moi quand il s'agit des œuvres des métaphysiciens ; j'ai appris à mes dépens que je ne parle pas la même langue qu'eux, et que M. Bergson, écrivant par hasard une phrase que j'écris moi-même de mon côté, exprime avec les mêmes mots une pensée toute différente de la mienne[2]. Je n'ose donc croire que j'ai compris W. James ; je suis vraisemblablement, vis-à-vis du pragmatisme, dans l'état d'un explorateur désireux d'atteindre le pôle Sud, et qui, ayant tourné autour de la banquise sans pouvoir y pénétrer, s'imagi-

1. *Grande Revue*, 25 décembre 1911.
2. V. *Revue du Mois*, septembre 1907.

nerait néanmoins en avoir sondé la mystérieuse profondeur.

Des amis, dans le jugement desquels j'ai la plus grande confiance, attribuent beaucoup de valeur au pragmatisme. Quelques-uns y voient même un « outil » capable de jouer un rôle de premier ordre dans l'évolution de l'humanité. Ma surprise a donc été très grande, quand je me suis aperçu que cette œuvre magistrale me laissait une impression déconcertante d'insignifiance et de puérilité. Il faut évidemment que je n'en aie pas saisi toute la portée ; et cependant, quoique écrite par un métaphysicien, cette œuvre n'est pas à proprement parler une œuvre métaphysique. Le pragmatisme m'a paru être simplement une *attitude,* je dirais même volontiers une *attitude sentimentale* vis-à-vis des événements qui se passent, tant en nous qu'en dehors de nous. Il paraît que cette attitude constitue à elle seule tout un système, toute une doctrine ; M. James l'affirme à plusieurs reprises, quoique, me semble-t-il, il ait précisément affirmé tout le contraire en d'autres endroits de son livre. Et ici encore je m'arrête pour faire un *meâ culpâ* : si je relève des contradictions aussi grossières chez un auteur dont la pénétration égale la bonne foi, c'est sans doute que je n'ai pas deviné sa pensée. Et d'ailleurs, je ne serais pas le seul, car un copieux appendice occupant les 3o dernières pages du livre, a pour objet de « défendre la notion pragmatiste de la vérité contre *ceux* qui ne la comprennent pas » ; feuilletez cet appendice et vous verrez combien sont nombreux ceux qui comme moi, ont *cru* comprendre et n'ont pas compris !

Dans une introduction écrite pour le public français, M. Bergson nous apprend (p. 16) que W. James a étudié toutes les sciences. Il faut donc, du moins, je me l'imagine, que, malgré son effort soutenu, il n'ait pas plus pénétré dans les sciences que je n'ai pénétré moi-même dans la métaphysique et dans le pragmatisme. Nombreux sont, de nos jours, ceux qui croient avoir sucé la « substantificque mouëlle » parce qu'ils ont pâli quelques années sur des traités de mathématiques ou fait quelques mesures dans des laboratoires. Combien de gens qui « savent des sciences » n'ont jamais eu l'idée de ce qu'est la nourriture scientifique ! L'attitude pragmatiste de W. James ne peut, à mon avis, se proposer qu'à un esprit entièrement étranger à la discipline des sciences exactes. Et c'est là sans doute qu'est le nœud du mystère ; c'est là peut-être aussi l'explication du grand succès du philosophe américain : le pragmatisme est la négation de la valeur de la science !

A mesure que la science fait des conquêtes, des milliers de mécréants se lèvent pour proclamer son impuissance. A mesure qu'elle étend son autorité sur des domaines de plus en plus étendus, les mêmes infidèles la déclarent en faillite et démontrent que son empire est limité ! Il faut bien l'avouer, l'esprit scientifique est rare ; il est rare surtout parce que ceux qui en seraient doués naturellement ont le plus souvent négligé de le développer par une éducation appropriée. Et ceux qui vont proclamant les droits imprescriptibles des vieilles croyances humaines ont beau jeu devant la foule des « gens cultivés ». Ils ont beau jeu, parce que les hommes aiment les choses auxquelles ils sont habitués, et aussi parce que la science exige un effort considérable qui ne s'accorde pas avec notre paresse naturelle. W. James déclare que le pragmatisme lui fournit des « vacances morales » ! C'est un oreiller pour dormir ! La Science est moins accommodante !

Si vous avez été soumis de bonne heure à la sévère discipline scientifique, comment ferez-vous pour accepter ce que propose l'auteur du pragmatisme dans les phrases suivantes ? :

« Admettez qu'il n'y ait dans les idées vraies *rien* qui soit bon pour la vie; admettez que la possession de ces idées soit un désavantage positif, et que les idées fausses soient seules avantageuses... Dans un monde où il en irait ainsi, notre devoir serait plutôt de *fuir* la vérité !... S'il y a bien une vie qu'il soit réellement bon de mener plutôt que toute autre; et s'il y a bien une idée qui, obtenant notre adhésion, puisse nous aider à vivre cette vie-là, eh bien ! *il nous sera* réellement *meilleur* de croire à cette idée, *pourvu que la croyance s'y attachant ne soit pas, bien entendu, en opposition avec d'autres intérêts vitaux d'un intérêt supérieur.* « Ce qui serait pour nous le meilleur à croire », voilà qui ressemble assez à une définition de la vérité » (pp. 83-84).

Il est vrai que ces lignes sont écrites par l'auteur d'un livre intitulé « la volonté de croire ». Mais que contiennent-elles, sinon une formule absolument vide de sens, pour un esprit habitué de bonne heure à se sentir *écrasé* par les vérités scientifiques ? Pour un homme de science, quelle attitude est possible devant la vérité, sinon l'attitude purement passive ? Et y a-t-il une plus grande niaiserie que de proposer à cet homme de choisir la vérité pour des raisons de sentiment ?

Certes, il y a des vérités qui sont terribles pour nos congénères. Je l'ai proclamé moi-même il y a quelques années[1], et cet aveu m'a été reproché amèrement par des gens qui se croient peut-être plus esclaves que je ne le suis moi-même de la méthode scientifique. Mais, si l'homme a découvert des vérités qui sont terribles pour lui-même, lequel de nous, gens de science, aurait l'idée ridicule de lui conseiller de nier l'évidence et de croire le contraire de ce qu'il a trouvé ? Quand une vérité s'est présentée à nous avec l'estampille scientifique, nous la subissons sans pouvoir nous révolter ; il nous faut vivre avec elle, mal gré que nous en ayons ! Bien plus, alors que le chat échaudé craint l'eau froide, le savant de race, même quand il a trouvé une vérité douloureuse, ne peut se retenir de fouiller sa plaie et de cher-

---

[1]. V. *L'Athéisme*. Paris, Flammarion, 1906.

cher des vérités plus douloureuses encore! Est-ce qu'on peut s'empêcher de chercher! Est-ce qu'on peut ne pas croire quand on a trouvé? L'attitude que propose W. James me semblerait un simple enfantillage si je ne préférais la porter au compte de son ignorance de *l'esclavage scientifique*. La méthode du savant a pour première condition de ne tenir aucun compte de ses préférences personnelles ; la science est *impersonnelle* ou n'est pas la science ; elle est donc le contraire du pragmatisme, comme j'essaierai de le démontrer tout à l'heure.

Je veux m'arrêter d'abord un instant à l'existence de ces vérités terribles que l'homme ne peut s'empêcher de chercher, et auxquelles il doit croire ensuite, quand il les a trouvées. Je le répète, la vérité scientifique s'impose à nous sans tenir aucun compte de nos joies et de nos douleurs. Mais, quand les hommes, poussés par une curiosité fatale, ont pris pour disséquer le monde le scalpel impitoyable de la science, ils ont cru, dans leur enthousiasme d'explorateurs, que leurs découvertes allaient leur donner immédiatement le bonheur profond, la paix heureuse à laquelle nous aspirons tous sans l'atteindre jamais. Et voilà que le premier résultat de l'investigation scientifique pénétrant dans les choses de la vie a été de nous montrer le néant de tout ce que nous aimons !

Certes, en présence d'une telle catastrophe, on comprend aisément l'attitude de ceux qui, ignorant l'esclavage auquel sont soumis les vrais adeptes de la science, ont nié la valeur des découvertes dues à l'application de sa méthode. « Cela ne peut pas être vrai ! » se sont-ils écriés, en toute sincérité. Ce n'était pas encore l'attitude pragmatiste ; il ne s'agissait pas de choisir une vérité opposée à celle que l'on avait trouvée ; on se contentait de penser que les chercheurs coupables d'avoir trouvé cette vérité douloureuse s'étaient trompés dans l'application de leur méthode. Et l'on concluait aisément qu'il y a des choses qui sont en dehors du domaine de la science ; on limitait ce domaine pour conserver un minimum de foi sans lequel il est presque impossible de vivre. C'est là, aujourd'hui, l'attitude presque générale chez ceux qui connaissent assez la science pour ne pouvoir douter de ses conquêtes, mais qui, d'autre part, tiennent profondément à leurs vieilles croyances héréditaires.

Je n'ai pas été, plus que les autres, à l'abri de cette crise douloureuse, et j'ai écrit bien des phrases amères, après que l'introduction de la méthode scientifique en biologie m'eut montré la vanité de principes aimés, de la notion de justice surtout, qui m'est plus chère que toutes les autres notions. Mais mes blasphèmes n'ont pas été jusqu'à douter de la valeur de la science ; je me suis seulement dit que *la vérité peut ne pas être bonne pour l'homme,* et, comme il y a dans cette affirmation quelque chose qui choque le sens commun, je me suis immédiatement demandé comment une telle

horreur était possible. Je n'ai pas eu de peine à
trouver la réponse à cette question, parce que,
fidèle à mon idée que la science peut étudier *tout*,
je place l'homme dans la nature au même titre que
les autres objets et les autres phénomènes. La
raison de cet antagonisme actuel entre la mentalité
de l'homme et la vérité que découvre la science,
je l'ai rencontrée dans l'histoire ancestrale de l'humanité. J'ai compris le rôle de l'erreur dans notre
évolution, et qu'il y a aujourd'hui, dans notre
structure intime, des rouages de première importance qui sont le fruit d'erreurs longtemps accréditées. Pouvons-nous vivre avec la certitude que
nos principes les plus chers sont le reflet d'erreurs
ancestrales ? J'avoue que j'en ai douté d'abord, et
que j'ai désespéré de l'avenir. Je me suis peut-être trop hâté. Certes, l'évolution de la science a
été trop rapide depuis cent ans, alors que l'évolution de la structure humaine était infiniment lente ;
il y a là une explication du malaise dans lequel
vivent aujourd'hui ceux d'entre nous qui sont de
vrais *scientifiques,* tout en étant des sentimentaux.
Peut-être, d'autre part, avons-nous des raisons de
penser que l'évolution humaine n'est pas seulement ralentie, qu'elle est peut-être arrêtée [1] au
point de vue de l'hérédité-structure ! Mais il reste
tout le bagage moral qui nous est transmis par la
seule tradition, et dans lequel il sera sans doute
possible, à la lumière de la science, de corriger

---

1. V. *La Stabilité de la Vie.* Paris, librairie Félix Alcan, 1910.

petit à petit bien des erreurs fondamentales. Chacun, suivant son tempérament, aura à ce sujet plus ou moins d'espoir dans l'avenir ; l'espoir n'est pas une matière scientifique, et celui que conçoit un homme quelconque n'a aucune importance pour les autres, même si cet homme est un vrai savant. Pour ma part, j'avoue que j'ai été longtemps à ce sujet dans un état de profond pessimisme. Ce pessimisme se retrouve encore dans un livre [1] que j'ai publié récemment dans la bibliothèque de philosophie scientifique. Depuis que j'ai écrit ce livre, je suis arrivé petit à petit à un optimisme croissant ; j'espère aujourd'hui que la science, comme l'épée d'Achille, saura guérir les blessures qu'elle nous a faites. Mais, je ne saurais trop insister là-dessus, mon espérance n'a aucune valeur pour d'autres que pour moi. Voici la seule affirmation que je me croie en droit d'émettre à l'usage de mes congénères :

Je ne sais pas comment évoluera le monde ; je ne sais pas ce qui résultera, pour l'homme, du fait que la science a découvert en lui des tares profondes, conséquences d'erreurs invétérées ; mais je sais que nos descendants ne pourront pas ne

---

[1]. *L'Égoïsme, seule base de toute société*. Paris, Flammarion, octobre 1911. J'ai reçu beaucoup de mauvais compliments à propos de ce livre dans lequel j'ai énoncé bien des vérités que tous reconnaissent pour telles, mais que très peu de gens osent avouer. En particulier, j'ai été traité d'ignorant, pour m'être permis de faire de la philosophie en partant de la science et sans tenir compte de l'histoire de la philosophie.

pas tenir compte des découvertes de leurs aînés. S'ils essaient, suivant la méthode pragmatiste, de *choisir* une vérité qui leur paraisse immédiatement plus aimable, ils ne construiront, sur cette vérité conventionnelle, RIEN QUI PUISSE DURER ! Seules les vérités scientifiques peuvent arriver petit à petit, et malgré les résistances sentimentales individuelles, à conquérir l'assentiment de tous. Je répéterais volontiers ici quelques-unes des paroles que Renan a prononcées dans sa fameuse prière à la Déesse aux yeux bleus. Il n'y aura de construction définitive que celle qui sera faite par la science, sur des assises débarrassées de toute erreur chère à la multitude. Mais, pour entrer dans cette voie pleine d'escarpements et d'obstacles, il faudra une humanité vigoureuse et capable d'un long effort. L'humanité d'aujourd'hui n'est pas de taille ; elle a peur des vérités cruelles ; elle est mûre pour le pragmatisme ; mais l'engouement ne durera pas ; après la génération que nous avons élevée « dans du coton », les nécessités de la vie feront apparaître sans doute des hommes mieux trempés pour la lutte, et qui ne s'endormiront pas dans la paresse d'un opportunisme sans courage. Alors, peut-être, l'effort des savants actuels trouvera son application et sa récompense.

Voilà, ma foi, un beau sermon ! Je suis très étonné de l'avoir fait, car j'avais une tout autre intention en commençant. Je voulais vous parler du *pragmatisme,* et (*facit indignatio versus!*) je vous ai dit au contraire quelle attitude je suis forcé de prendre contre ce que *me paraît être* cette doctrine philosophique. C'est peut-être là d'ailleurs le meilleur procédé d'enseignement, et, quoique y ayant été conduit aujourd'hui malgré moi, je laisse subsister mon homélie au début de cette étude. J'ai, de plus, été amené, en l'écrivant tout à l'heure, alors que j'étais encore complètement imprégné de la lecture du livre de W. James, à faire, au sujet de moi-même, une constatation que je demande la permission de vous communiquer, parce qu'elle peut intéresser toute une catégorie de penseurs, ceux qui me ressemblent :

Les critiques qui ont bien voulu s'occuper de mes ouvrages m'ont traité tantôt de *matérialiste,* tantôt de *moniste,* tantôt de tout autre nom en *iste* ; je ne me suis jamais bien rendu compte de la valeur de ces termes, et je n'ai pas repoussé ces dénominations, parce que je ne savais pas ce qu'elles signifiaient ; j'ai même accepté assez volontiers l'épithète de *moniste,* à laquelle je prêtais d'ailleurs un sens restreint très différent de celui que lui attribuent d'ordinaire les philosophes. Je viens de remarquer, en lisant « Le Pragmatisme » et deux ou trois ouvrages de métaphycisiens, que je ne mérite vraiment d'être inféodé à aucune de ces sectes philosophiques. Ces sectes se séparent en effet les unes des autres à propos de questions dont je ne me suis jamais occupé, parce qu'elles n'ont pour moi aucune signification. Et cependant W. James déclare, au début de son livre, que « tout le monde a une philosophie », c'est-à-dire que tout homme doit pouvoir être classé d'après son tempérament dans une certaine catégorie en *iste*. Du moins devons-nous avoir le droit de choisir nous-mêmes notre secte, puisque c'est d'après nos goûts personnels que nous y sommes introduits; et si nous ne nous trouvons à l'aise dans aucun des tiroirs déjà existants, nous pouvons demander d'être mis à part dans un tiroir nouveau. La seule étiquette en *iste* qui me paraisse convenir à mon tempérament, je l'ai trouvée tout à l'heure en vous faisant ma profession de foi; c'est celle de *scientiste*[1]; je m'étonne de n'y avoir pas songé plus tôt!

Je suis, vis-à-vis de la science, dans l'état d'un homme de tempérament amoureux, qui aurait trouvé, dans une femme réelle, l'incarnation définitive de la parfaite beauté. A partir de ce moment, les autres femmes n'existeraient plus pour lui; il aimerait mieux souffrir mortellement pour son idole que d'être heureux en portant ailleurs des hommages facilement agréés. Il serait, vis-à-vis de

1. Je m'excuse de mon ignorance ; il paraît que le mot *Scientisme* existe, et a déjà été employé dans des acceptions très diverses. Je trouve même à mon sujet, dans le *Mercure de France* (16 août 1911, p. 826), cette appréciation qui me désole : « M. Le Dantec est à mille lieues de l'*homaisisme scientiste*. L'exemple de ce véritable savant montre que le *scientisme* et l'esprit scientifique sont deux choses différentes. » Décidément, les mots en *iste* sont trop dangereux; il vaut mieux y renoncer!

cette femme qu'il trouve parfaitement belle, dans un état d'esclavage dont rien ne pourrait le faire sortir. Chaque fois qu'un tel amour s'est produit parmi les hommes, nos ancêtres, y voyant quelque chose de « plus fort que l'humanité », ont expliqué ce phénomène merveilleux par des philtres ou des diableries, ainsi qu'il est raconté dans le lai de Tristan.

Si une possession si parfaite de l'homme par la femme est une chose prodigieusement rare et admirable dans le domaine du sentiment, il me semble que, dans le domaine de la raison, la possession d'un esprit par une méthode doit être un phénomène beaucoup plus commun. Du moins cela me paraît-il être ainsi, à moi dont la raison, à peine née, a été immédiatement asservie à la méthode scientifique.

J'ai fait ma confession à ce sujet dans mon livre l'*Athéisme* ; quoique mystique et sentimental comme le sont tous les bretons, je n'ai jamais été tenté d'admettre, dans le domaine des choses de la raison, l'existence possible d'une vérité qui fût inaccessible à la science. Tout enfant, je ne comprenais pas ce que disaient mes petits camarades quand ils déclaraient croire en Dieu.

Plus tard, j'ai appris les mathématiques qui sont la langue de la science, et la physique, qui est la science elle-même ; et j'ai pu développer mon tempérament de *scientiste* sans avoir besoin de renoncer, ce qui est rare, à aucune croyance religieuse antérieure. Aussi n'ai-je pas hésité à introduire la méthode scientifique dans l'étude de ce qui avait paru à d'autres devoir rester toujours, partiellement au moins, à l'abri des investigations des savants, savoir la *vie* avec toutes ses manifestations les plus sublimes. Parce que mon tempérament me convainquait que rien ne peut exister qui soit à l'abri des investigations de la science, je ne me suis pas laissé décourager par les rebuffades et les ricanements. Je dois avouer, d'ailleurs, que j'ai rencontré, dans l'étude scientifique de la vie en général, beaucoup moins de difficultés que je n'en prévoyais. J'ai parcouru en moins de vingt ans tout le domaine de la biologie, et je me suis rendu compte, sans trop de peine, que nulle part, dans ce domaine si vaste, il n'existe un seul recoin qui puisse être considéré comme une forteresse imprenable pour des hommes munis de l'outillage scientifique. Le tout était, en entreprenant cette exploration, de croire à la perfection de sa méthode ; à ce point de vue, j'étais particulièrement bien armé.

Il faut bien s'entendre ! Je ne dis pas que j'aie été jusqu'au fond de toutes les questions biologiques. Au contraire, je suis bien certain que je n'ai complètement élucidé aucune de ces questions ; mais je les ai regardées avec soin, dans leur ensemble, et j'ai vu, sans pouvoir en douter le moins du monde, que leur étude scientifique *complète* n'est pas impossible. Dans chaque problème particulier, il faudra introduire des procédés dont quelques-uns nous échappent encore totalement dans le détail. Il est certain pour moi que ces procédés ressortiront tous à la méthode scientifique. Voilà ce que j'ai voulu affirmer en écrivant cette formule : « La science, créée par l'homme, peut étudier l'homme tout entier[1]. » Il fallait sans doute un tempérament solide de *scientiste* pour arriver à considérer dès le début cette affirmation comme légitime ; mais je me suis imaginé, après mon voyage d'exploration dans les choses de la vie, que mes observations et mes raisonnements imposeraient mes conclusions, même à des hommes doués d'un tempérament différent du mien. Je me fiais pour cela à mon expérience de l'enseignement de la géométrie. Il m'avait semblé en effet que tous les hommes sont également sensibles à la force des raisonnements déductifs. Je n'en suis plus bien sûr aujourd'hui. Personne n'a jamais protesté sérieusement contre l'évidence des propositions d'Euclide, mais cela tient peut-être à ce que ces propositions ne gênent en rien les conclusions auxquelles chacun de nous est conduit par son tempérament philosophique personnel. Je vois maintenant que l'évidence des vérités géométriques ne s'impose pas à tous les hommes avec le même caractère despotique, et que quelques-uns de nos congénères ne tomberaient pas malades, comme je le ferais moi-même, s'ils étaient amenés à constater un miracle dans lequel ces *vérités* ne seraient pas *vérifiées*. Les déductions des sciences

1. V. *De l'Homme à la Science*. Paris, Flammarion, 1907.

biologiques me paraissent, *à moi scientiste,* aussi solides et aussi autoritaires que celles de la géométrie ; elles ne convainquent pas, cependant, tous les hommes, surtout parce qu'elles les conduisent à des conclusions qui contrecarrent celles de leur philosophie personnelle. Mais je demeure convaincu que ceux qu'elles n'atteignent pas ne deviendraient pas fous de désespoir en constatant une contravention au théorème de Pythagore. Et c'est en quoi nous différons essentiellement ; cette différence est peut-être la plus grande qui puisse se manifester entre des êtres de même espèce. Je me considère donc comme un type un peu monstrueux dans mon esclavage scientifique absolu. C'est cet esclavage scientifique qui me pousse à m'insurger contre le pragmatisme, et à déclarer abominable, ou plutôt niais et puéril, un système dont paraît se contenter la majorité de mes congénères. Je ne suis pas pragmatiste, parce que je crois à l'avenir de la science ; je crois que la science, et la science seule, résoudra toutes les questions qui ont un sens ; je crois qu'elle pénétrera jusqu'aux arcanes de notre vie sentimentale, et qu'elle m'expliquera même l'origine et la structure du mysticisme héréditaire antiscientifique qui cohabite chez moi avec le *scientisme* le plus absolu.

Mais je suis bien convaincu aussi que les hommes se posent bien des questions qui ne signifient rien. Ces questions, la science montrera leur absurdité en n'y répondant pas, ce qui prouvera qu'elles ne comportent pas de réponse. Telle sera, par exemple, la question à laquelle W. James consacre le huitième et dernier chapitre de son livre, la question du *salut du monde*. « Certains hommes, dit-il (p. 257), souffrent de croire impossible le salut du monde : ce sont les pessimistes. L'optimiste le croit, au contraire, infailliblement assuré. » Et il démontre qu'au point de vue de la croyance au salut du monde, l'attitude pragmatiste est excellente. Il dit d'ailleurs aussi (p. 257) : « Naturellement... chacun de vous est libre d'interpréter à sa guise le mot salut. » Je m'en doutais bien un peu, je l'avoue. Et voilà précisément pourquoi la science sera toujours *impuissante* à donner une réponse à une question qui ne signifie rien. En revanche, elle expliquera un jour, si l'humanité dure assez longtemps, quelle bizarre particularité de la structure cérébrale de certains hommes les amène à proférer gravement des paroles vides de sens, et à s'entretuer parce qu'ils donnent à ces paroles des interprétations qui ne concordent pas.

J'ai suffisamment expliqué maintenant la position que mon tempérament me contraint de prendre vis-à-vis du pragmatisme, pour pouvoir exposer clairement ce que j'ai compris de ce système. Et je termine ces remarques préliminaires en me posant, relativement à la valeur du pragmatisme lui-même, la question qui, d'après W. James, est la question *habituelle* du pragmatisme (p. 184) : « Étant admis qu'une idée, une croyance est vraie, quelle différence concrète va-t-il en résulter dans la vie que nous vivons?... Bref, quelle valeur la vérité a-t-elle, en monnaie courante, en termes ayant cours dans l'expérience ? » Eh bien! pour moi *scientiste,* esclave de la méthode scientifique, le résultat de l'adoption de l'attitude pragmatiste serait la pire des catastrophes; elle m'empêcherait de prendre désormais le moindre goût à la vie, parce qu'elle est la négation de la science, comme je vais essayer de le démontrer.

*
* *

Avant d'entrer dans le vif de ma démonstration, avant de vous faire voir que le pragmatisme conseille une attitude *contraire* à la méthode scientifique, je vais d'abord prendre un des exemples qu'a choisis W. James lui-même pour expliquer son système, et, sans y voir encore que le pragmatisme est le contraire de la science, vous y remarquerez du moins que c'est *autre chose.*

« A l'égard du passé (p. 88), il n'y a pas de différence appréciable entre le matérialisme et le spiritualisme; *Dieu* n'est pas en principe plus satisfaisant que la matière, s'il ne donne ou ne *promet* rien de plus. » Autrement dit, le monde étant aujourd'hui ce qu'il est, il nous est indifférent de savoir si son état actuel résulte d'une simple évolution de la matière éternelle ou d'un acte créateur d'un Dieu, qui, une fois le monde créé, ne serait plus intervenu dans ses destinées. C'est bien ce que j'ai écrit moi-même dans *l'Athéisme,* en me plaçant dans l'hypothèse de ceux qui croient que Dieu a dicté au monde des lois *immuables* ; j'ai résumé cette hypothèse dans une formule ridicule : « Si Dieu mourait, il n'y aurait dans le monde rien de changé. »

Évidemment, pour quelqu'un qui admet un Dieu créateur n'intervenant plus ensuite dans les affaires du monde, la science ne peut en aucune façon trancher la question de savoir si l'acte créateur a ou n'a pas eu lieu. Chacun a le droit, pour des raisons de sentiment, de choisir la croyance en un Dieu créateur ou la croyance en une matière éternelle. La science n'intervient pas dans le débat, parce que le débat n'a aucun sens pour nos contemporains.

Il n'en est plus de même s'il s'agit de l'existence actuelle d'un Dieu qui intervient dans les affaires du monde. C'est la question du miracle, et cette question est du domaine de la science, quoi qu'on en ait dit. Du moment donc qu'il s'agira, non plus du passé, mais du présent ou de l'avenir, la science *ne nous permettra pas* de choisir entre les deux hypothèses, celle d'une matière soumise à un déterminisme absolu, et celle d'un Dieu intervenant dans les événements dont la matière est le siège. Vous allez voir maintenant la pétition de principe du philosophe américain.

De deux manières de voir, entre lesquelles *nous avons le droit de choisir*, dit-il en substance, le pragmatisme nous commande d'adopter celle qui est

pour nous *la plus utile,* la plus *pleine de promesses.*
Or, le matérialisme scientifique, tel qu'il est actuellement compris, nous fait prévoir fatalement cette tragédie finale (p. 106) que : « les forces éternelles, les forces appelées à survivre les dernières dans le seul cycle de l'évolution que nous puissions voir d'une manière définie, ce sont les forces inférieures et non pas les forces supérieures[1]... L'avenir (p. 104) est une tragédie ayant pour dénouement la mort. ... Nous reprochons au matérialisme (p. 107) de ne pas garantir d'une façon permanente nos intérêts supérieurs, de ne point satisfaire celles de nos espérances dont l'objet est le plus lointain. »

Au contraire, la croyance en Dieu est bien plus réconfortante : « Qu'il y ait (p. 107) un monde renfermant un Dieu *qui aura toujours le dernier mot,* et ce monde-là peut bien périr par le feu ou par la gelée... Grâce à Dieu, là où il existe, la tragédie ne sera que partielle et momentanée... La croyance spiritualiste, sous toutes ses formes (p. 109), a pour objet un monde *plein de promesses,* tandis que le soleil du matérialisme se couche sur un océan de désillusions. »

De cette remarque, le pragmatisme conclut qu'il *vaut mieux* être spiritualiste et croire en Dieu. Encore faut-il pouvoir croire ! Si nous avions réellement *le droit de choisir* entre les deux opinions,

---

[1]. Les forces supérieures, ce sont simplement les sentiments humains ; ils disparaîtront sans doute en même temps que l'humanité !

l'attitude de W. James se concevrait. Je puis l'admettre par exemple pour la question relative au passé du monde ; que le monde ait été créé par Dieu, du moment que tout se passe dans l'univers comme si Dieu n'était pas, la science n'a rien à dire ; elle nous permet d'adopter la croyance qui nous plaît le plus. Mais du moment qu'il s'agit d'un Dieu qui, dans les affaires du monde, « a toujours le dernier mot », celui qui est esclave de la science répondra fatalement « *non possumus* » ! Ce Dieu-là, la science nous défend d'y croire, parce qu'elle établit le déterminisme absolu et exclut le miracle. Que la croyance en ce Dieu actif nous soit plus agréable, parce que cette erreur a été longtemps accréditée parmi nos ancêtres, je n'en disconviens pas ; mais nous ne pouvons néanmoins adopter cette croyance, parce que nous n'avons pas *le droit de choisir* entre cette croyance et la croyance contraire. Du moment qu'il s'agit de choses insignifiantes ou invérifiables, de tournois logomachiques comme ceux qui préoccupent d'ordinaire les métaphysiciens, la science nous laisse toute liberté ; mais les affirmations au sujet desquelles la science ne nous dicte pas une attitude n'ont aucune valeur pratique pour personne. Ce qui est inaccessible à la science est ce qui n'agit pas sur l'homme, et qui, par conséquent, lui est indifférent. Mais voilà que les métaphysiciens réclament un rôle dans la conduite du monde ! « Un véritable débat métaphysique, écrit W. James (p. 102), implique toujours quelque résultat pratique. » Devant une telle affirmation, le scientisme s'insurge. Que, parmi ce qu'on appelle aujourd'hui les « principes métaphysiques », plusieurs jouent un rôle dans la conduite de l'humanité, cela est indéniable ; mais cela prouve précisément que ces prétendus principes métaphysiques sont soit des *vérités,* soit des *erreurs,* au sens scientifique du mot, c'est-à-dire que la science ne nous laisse pas le droit de les accepter ou de les repousser suivant nos préférences personnelles. Des erreurs scientifiques jouent dans notre vie un rôle aussi important que des vérités scientifiques, mais par cela même qu'elles jouent un rôle, elles sont du domaine de la science, et le scientiste ne *peut* pas adopter à leur égard l'attitude du pragmatiste qui choisit d'après ses goûts. Si d'ailleurs, comme le prétend W. James, « un véritable débat métaphysique a toujours une conséquence pratique », je ne comprends plus ce que c'est que la métaphysique. J'avais toujours cru qu'elle consistait en une pure logomachie, sauf dans les cas où elle couvre de son égide des erreurs scientifiques. Je vais encore me faire traiter de *philistin* en rappelant ce que disait Voltaire, que la métaphysique est l'art d'enseigner aux autres ce qu'on ne comprend pas soi-même. Et cependant, en rappelant cette boutade, je ne puis m'empêcher de remarquer que W. James lui-même semble être de l'avis de Voltaire. Voici, en effet, ce que je copie dans son livre (p. 23) :

« Le fondateur même du pragmatisme fit naguère… une série de conférences : ce furent d'éblouissants éclairs parmi des ténèbres cimmériennes ! *Aucun de nous,* je crois bien, n'a vraiment compris tout ce qu'il nous a dit... On subit, avouons-le, une étrange fascination à entendre parler de choses si profondes, *alors même qu'on ne les comprend pas, et qu'elles ne sont pas mieux comprises de ceux qui en discutent.* On y éprouve le frisson des grands problèmes; on y sent la présence de l'infini ! »

Un scientiste ne pourra s'empêcher de sourire en pensant à ces conceptions sublimes qui ne sont profondes que si elles sont obscures ; et il se consolera d'apprendre que « la mécanique est laide », en se disant que les mathématiciens qui l'enseignent comprennent ce qu'ils disent et sont intégralement compris de leurs auditeurs.

Pour ma part (je crois d'ailleurs que je suis encore à peu près le seul de mon avis, mais d'autres scientistes y viendront fatalement quand ils se résoudront à appliquer à la vie, *sans idée préconçue,* la pure méthode scientifique), pour ma part, dis-je, je considère la plupart de nos principes métaphysiques et moraux comme des *erreurs* scientifiques, parce qu'ils sont le résidu des *conventions* sociales de nos ancêtres. Il ne m'est donc pas possible de prendre, vis-à-vis de ces principes, l'attitude pragmatiste que me conseilleraient mes goûts personnels de vieux mystique breton. J'ai cependant appris avec douleur, avec une sorte de désespoir même, ce que m'a enseigné à leur sujet l'impitoyable biologie ; et je commence à espérer aujourd'hui que l'humanité pourra, malgré tout, se passer d'erreurs aimées, et arrivera peut-être un jour à vivre suivant la vérité ! Mais quelle révolution pénible pour en arriver là, si l'on y arrive ! Et combien les hommes détesteront ceux qui leur auront fait prendre cette voie pleine de précipices et de dangers ! Mais aussi, quelle pleine récompense si l'on y arrive, et si les hommes ne connaissent plus un jour les devoirs contradictoires qui empoisonnent la vie. Rien ne se construira de définitif que sur des assises scientifiques ; sur d'autres bases on ne construira que du provisoire mal adapté. Mais la paresse humaine se contentera peut-être du provisoire !

Jésus-Christ a été un pragmatiste avant la lettre quand, dans son sermon sur la montagne, il a dicté aux hommes, comme règle de conduite, précisément les principes que chacun aimait en secret, mais n'appliquait pas d'ailleurs à la direction de sa vie. Et cette loi inapplicable est restée la loi idéale des hommes, parce que chacun a toujours souhaité, dans son intérêt personnel, la voir suivre par ses voisins. Voilà bien le type d'une construction mal adaptée ! Sur cent milliards d'hommes, qui se sont succédé depuis deux mille ans à la surface de notre planète, il y a peut-être eu deux ou trois pauvres rêveurs, désarmés pour la lutte, et qui ont vécu suivant le cœur de Jésus-Christ ! Il faut à chacun de nous une forte dose d'hypocrisie, pour considérer comme la meilleure de toutes les lois celle que nul ne peut se résigner à suivre sans y faire à chaque instant de très sérieux accrocs. Mais ces principes ont pour eux une longue prescription qui les rend infiniment chers au cœur de l'homme ; et cela explique le succès d'enthousiasme obtenu par l'œuvre de Tolstoï et des néochrétiens. Après deux mille ans d'efforts infructueux, il serait peut-être honnête de s'avouer que l'homme ne *peut* pas vivre suivant la loi du Christ, et de chercher une autre loi, assez en rapport avec la nature humaine pour que les hommes puissent s'en accommoder sans être perpétuellement hypocrites! Mais hélas, que cette nouvelle loi paraîtra *laide* ! J'ai bien peur que la cote mal taillée du pragmatisme l'emporte toujours sur les clartés trop vives de la science !

*
* *

J'arrive maintenant au point essentiel de mon étude, et, ma foi, je suis bien plus embarrassé que je ne m'y attendais en commençant. Je viens de relire la sixième leçon du livre de W. James, leçon intitulée : *Théorie pragmatiste de la vérité.* J'avais mis des notes en marge de plusieurs passages qui me paraissaient mériter d'être cités, parce qu'ils semblaient devoir suffire à exprimer clairement la pensée de l'auteur. En passant en revue ces alinéas choisis, je suis tout déconcerté ; aucun d'eux ne suffit à faire comprendre *clairement* ce que c'est que le pragmatisme. Avec ces diables de métaphysiciens, c'est toujours la même histoire : on croit avoir saisi ; on déclare même que c'est tout simple, et puis, quand on essaie d'expliquer ce qu'on a compris, on s'aperçoit que ce n'est pas cela du tout. Et cette constatation est très pénible pour un homme habitué à la netteté des sciences exactes. Si, d'autre part, au lieu de citer des passages de l'auteur, j'essaie de résumer sa pensée dans des phrases qui sont de moi et non de lui, je suis bien sûr que ses adeptes me riront au nez et me diront que je n'y entends rien. La profondeur d'un métaphysicien consiste dans son obscurité ; pour ne pas trahir la pensée d'un auteur de cette catégorie, il faut éviter de résumer son livre ; il ne faut même pas y faire de coupures; il faut le reproduire tout entier. Lisez donc le livre de W. James ; vous en tirerez peut-être plus de profit que moi. Je voudrais cependant essayer de montrer en quoi le pragmatisme m'a paru être la négation de la science, mais j'étais parti pour la bataille avec une attitude de pourfendeur, et je vais au contraire me faire très humble pour conclure, car, à la réflexion, je vois que je n'ai probablement rien compris du tout !

Voici cependant quelques lignes du programme de la sixième leçon :

« Une idée vraie est une idée vérifiable. » Fort bien ; tous les scientistes pensent de même : « Elle se vérifie en nous servant de guide avec succès dans l'expérience. » Ceci me satisfait encore ; on peut construire des machines qui marchent bien, quand on se sert de lois exactes, et le fonctionnement de la machine est, dans une certaine mesure, la vérification de la loi sur laquelle elle est basée. Tout cela n'est pas nouveau, et W. James avait prévu (p. 274) que certaines critiques le feraient remarquer. Mais voici où cela me paraît devenir *nouveau* et être en même temps inacceptable : « La vérité est *bonne*, de même que la santé, la richesse... » Qu'est-ce que vient faire cette épithète sentimentale quand il s'agit de vérité ? Ce qui est bon pour l'un peut être mauvais pour l'autre, et il n'y a qu'une vérité ! Vraiment, me répondra W. James, vous êtes donc rationaliste ; vous n'admettez pas « que la réalité elle-même ou la vérité elle-même ne soit point immuable » (p. 207). Sans doute, je n'admettrai pas ce qui est la négation de la science ; je n'admettrai pas que l'homme intervienne pour quelque chose dans la fabrication de la vérité. Or c'est précisément là, si j'ai bien compris, la prétention du pragmatisme. C'est vraisemblablement là aussi ce que veut dire M. Bergson dans l'introduction (p. 11): « Tandis que pour les autres doctrines une vérité nouvelle est une découverte, pour le pragmatisme c'est une invention ».

Je ne trouve pas de citation assez caractéristique à emprunter à W. James comme définition du pragmatisme, mais j'en trouve en revanche dans les parties du livre où il défend l'*humanisme* de M. Schiller, *humanisme* qu'il déclare lui-même s'accorder sur beaucoup de points avec le pragmatisme :

« Nos vérités sont des produits humains... Le monde est essentiellement une matière à façonner; il est donc ce que nous le faisons. En vain voudrait-on le définir par ce qu'il était à son origine ou par ce qu'il est en dehors de nous : il *est ce qui est en fait, ce que nous avons fait avec* » (p. 220). Cette fois, cela me paraît clair, d'autant plus clair que je rapproche cette citation d'une autre phrase extraite d'un autre livre de W. James, *La philosophie de l'expérience* (p. 305) : « La présence des philosophes et l'existence de leurs théories peuvent exercer une influence sur la manière dont l'univers prend conscience de lui-même et *dont il se comporte.* » Après avoir défendu l'humanisme de M. Schiller, W. James reprend d'ailleurs la parole pour son propre compte et dit (*Le pragmatisme,* p. 232) :

« ...Nous sommes des créateurs... nous ajoutons à la réalité. Le monde est là, devant nous, réellement malléable, attendant de nos mains les traits définitifs qu'il doit avoir. De même que le royaume des cieux, il accepte volontiers que l'homme lui fasse violence. Et, de cette « douce violence » résultent les vérités que l'homme lui fait engendrer. »

Et moi, pauvre niais, qui croyais que l'homme est dans la nature au même titre que la pluie, le vent et l'orage ! Quelle humilité ! me diront les pragmatistes ; l'homme est en dehors du monde, et il est le maître du monde ; le monde sera ce que l'homme voudra qu'il soit !

Tout cela est bel et bien la négation de la valeur de la science. La science a pour caractère essentiel d'être impersonnelle. Le propre d'une vérité scientifique est qu'elle ne dépend ni du tempérament ni des goûts particuliers de celui qui l'a découverte, et c'est pour cela qu'elle s'impose d'une manière indiscutable à tous les autres hommes. C'est pour cela que nous sommes esclaves de la science, et qu'aucun de nous ne peut songer à discuter ses conclusions. Je vais même plus loin, moi *scientiste*; j'ai consacré un volume[1] à essayer de montrer que la *science* n'est pas à proprement parler *humaine*, qu'elle est universelle et qu'elle eût été la même dans le fond, quelle qu'eût été l'espèce qui l'eût construite, pourvu que cette espèce eût été pourvue de moyens de mesure. Et cela est tout simple à admettre pour celui qui croit comme moi que l'homme est *dans la nature*, car alors, la science, œuvre de l'homme est en réalité une œuvre naturelle, tout simplement. Ce qu'elle a précisément de prodigieusement admirable, c'est qu'elle ne garde aucune trace de son origine humaine, et qu'elle a, par suite, quoi qu'en pensent la plupart de mes contemporains, une *valeur absolue*. Il n'y a même que la science qui ait cette valeur, et c'est pourquoi je me proclame *scientiste* ! La science, patrimoine de l'humanité, est la seule chose dont nous ayons le droit d'être fiers, car les vertus sociales que l'on propose à notre admiration sont en général bien mélangées d'imperfections. Les grands hommes de Plutarque ont l'avantage d'être morts, mais nous ne trou-

---

[1]. *De l'Homme à la Science.* Paris, Flammarion, 1907.

vons jamais à admirer sans restriction quand il s'agit d'un homme vivant. Au contraire, la science, résultat d'une collaboration sociale dont les autres produits sont si imparfaits, doit nous remplir d'orgueil, parce que c'est dans notre espèce qu'elle s'est produite. Et non seulement nous devons être fiers de la science, mais nous devons encore l'aimer comme étant le plus grand lien qui unisse les hommes; pour un peu je dirais que c'est le seul!

Autrefois, les philosophes étaient les plus grands savants ; aujourd'hui la plupart des écoles philosophiques reconnaissent pour maîtres des rhéteurs habiles qui sont en dehors de l'admirable mouvement scientifique, gloire de l'humanité ; non seulement ces chefs d'école ne sont pas dans la science, non seulement ils sont en dehors d'elle; *ils sont contre elle*! Et des foules inconscientes les acclament, méconnaissant les seuls titres de noblesse de l'espèce humaine.

Pour moi, *scientiste* enthousiaste, le mot *philosophie* ne devrait plus avoir, au XXe siècle, d'autre définition que celle du mot *science* ; les conquêtes de la méthode scientifique ont été telles jusqu'à notre époque, que nous devons tout attendre d'elle; il est impossible désormais d'accorder le moindre crédit aux éloquents sophistes qui construisent des systèmes incohérents sur des formules pleines d'obscurité ; en dehors de la science, on ne peut espérer construire un édifice qui ait quelque chance de durer!

IV

RAISONNEMENT ET EXPÉRIMENTATION[1]

Il faut réhabiliter la logique.

Le père de la science expérimentale, Lavoisier, a écrit quelque part : « Mes expériences ne sont pas nouvelles ; M. Priestley les avait faites presque toutes avant moi ; mais je les ai interprétées autrement[2]. » Il faudrait graver ces mots en lettres d'or

---

1. *Grande Revue*, mars 1912.
2. Voici les citations exactes de Lavoisier. Je les emprunte à un ouvrage inédit de M. R. Lote :

« ... Une partie des expériences contenues dans ce Mémoire ne m'appartiennent point en propre ; peut-être même, rigoureusement parlant, n'en est-il aucune dont M. Priestley ne puisse réclamer la première idée ; mais comme les mêmes faits nous ont conduits à des conséquences diamétralement opposées, j'espère que, si l'on me reproche d'avoir emprunté des preuves des ouvrages de ce célèbre physicien, on ne me contestera pas au moins la propriété des conséquences. »

Et ailleurs :

« Les expériences dont je vais rendre compte appartiennent presque toutes au docteur Priestley ; je n'ai d'autre mérite que de les avoir répétées avec soin, et surtout de les avoir rangées dans un ordre propre à présenter des conséquences. »

Œuvres de Lavoisier, t. II, p. 130 et 785.

au fronton de tous les laboratoires. Cela écarterait peut-être du Temple les frelons stériles qui s'imaginent que, pour devenir un savant, il suffit d'avoir les aptitudes d'un horloger ou d'un ébéniste, une bonne vue, des doigts agiles, quelque opiniâtreté. Ces dons, assurément fort répandus, permettent à n'importe qui de *faire des expériences*; ils ne suffisent pas à celui qui veut en instituer de fécondes, ou qui se propose de tirer des conclusions de celles qui ont déjà été faites. Le rôle du savant n'est pas dans l'expérience même ; il est avant et après. L'expérimentateur n'est qu'un bon ouvrier ; le savant conçoit et conclut.

Le plus souvent, il est vrai, les grands savants ont fait leurs expériences eux-mêmes, ont collaboré du moins à la cuisine d'où est sortie la découverte qui les a rendus illustres. Et comme les hommes ont bien compris, depuis plus d'un siècle, que la science est le seul titre de noblesse de l'humanité, les aide-cuisiniers eux-mêmes sont sortis de l'officine du savant avec une auréole de gloire ! Leur rôle n'avait été cependant que d'exécuter des ordres, comme de bons employés dans une fabrique ; mais on leur a su gré de la grandeur du résultat obtenu ; eux-mêmes ont eu l'illusion d'avoir du mérite. J'ai connu un bon ouvrier chimiste qui se plaignait d'avoir été volé par Berthelot, parce que l'illustre savant avait publié sous son nom à lui Berthelot, le résultat d'une expérience que l'ouvrier avait exécutée d'après les indications du maître. Pour parer à de semblables reproches, les chercheurs d'aujourd'hui ont pris l'habitude d'associer à leur nom, dans leurs ouvrages, celui de tous leurs collaborateurs. Un de mes camarades, qui m'avait prié de lui envoyer du bord de la mer quelques animaux d'espèce très banale dont il avait besoin pour ses recherches, m'a témoigné sa reconnaissance en citant mon nom dans son mémoire. Voilà, n'est-il pas vrai, de beaux titres scientifiques ! Le malheur est qu'avec un nombre suffisant de *titres* à peu près aussi scientifiques que celui-là, on devient « Monsieur le Professeur » et chef d'études.

Je devine l'indignation des « Savants » s'ils lisent ceci : « Ne faites pas d'expériences si vous voulez, mais du moins, n'en dégoûtez pas les autres ; ne ravalez pas surtout le mérite de ceux qui en font, de ceux qui pâlissent dans les laboratoires..., etc. » Ils pâliraient dans des ateliers, où la consigne est autrement dure, qu'ils auraient au moins autant de droits à notre reconnaissance, s'ils ne font qu'œuvre d'ouvriers ; et ils n'en tireraient ni gloire ni avancement ; les contremaîtres ne deviennent pas ingénieurs ; si peut démocratique que soit cette affirmation, je crois qu'en général il ne faut pas le regretter.

On va me reprocher de faire ici un plaidoyer *pro domo*. Je suis simplement un amoureux de la science, à laquelle j'ai dû de grandes consolations, et je regrette que, par certaines méthodes, on diminue le rendement du travail scientifique. Je ne veux pas dire que les résultats obtenus coûtent trop cher; l'argent que l'on dépense pour faire de la science est le seul qui enrichisse vraiment l'humanité; mais je crois que, dotée comme elle l'est aujourd'hui, la science devrait être riche. Elle mendie cependant sans cesse, parce qu'elle gaspille son budget en servant des prébendes à des impuissants. L'homme qui peut faire avancer la science est l'homme de raisonnement; le laboratoire fournit trop souvent à la science des maîtres incapables de raisonner.

*
* *

« Le raisonnement contre l'expérience, voilà donc ce que vous préconisez! — me dira-t-on —; vous voulez revenir à la science verbale du moyen âge, à la scolastique! » Je demande seulement que le raisonnement dirige les expériences et conclue des observations. Il y a trop de maîtres, à l'heure actuelle, qui conseillent à leurs élèves de travailler comme des ouvriers, de se borner à recueillir des faits et à les enregistrer, pensant que des raisonnements rendraient suspect un ouvrage consciencieux auquel personne ne peut trouver à redire. Ces maîtres se défient de leur logique, et ils ont sans doute raison. C'est en faisant œuvre d'ouvrier, ce n'est pas en donnant la mesure de leur intelligence qu'ils sont devenus des maîtres; ils seraient peut-être de détestables logiciens. Je regrette qu'on devienne maître à si bon compte; une fois le pli pris, les maîtres ouvriers prépareront des maîtres ouvriers ; on fera des savants avec des hommes qui auraient dû être horlogers ou ébénistes, et le budget de la science continuera d'être gaspillé...

Je vois venir la suprême injure : « Vous n'êtes qu'un métaphysicien ! »

Quand on traite de métaphysicien un homme qui a la prétention d'être un savant, on entend par là que ce qu'il fait n'est pas de la sience, ne peut servir la science en quoi que ce soit. J'ai assez dit, dans les chapitres précédents, combien je crois la métaphysique stérile ; il serait assez curieux qu'ayant cette opinion, je fisse précisément, de cette partie de la philosophie, l'occupation principale de mon existence !

A Dieu ne plaise que je me propose de définir la métaphysique ! Je ne suis pas éloigné de croire que chaque homme donne à ce mot une signification personnelle, et, si cela est vrai, on doit toujours être, sans s'en douter, le métaphysicien de quelqu'un. Je considère comme ressortissant à la métaphysique toute opinion dont la vérification expérimentale est sûrement impossible. Si, par exemple, il y a un Dieu qui, ayant créé le monde, lui a dicté des *lois immuables,* qui, par conséquent, malgré la magnificence de son acte créateur, s'est interdit d'intervenir désormais dans les affaires des choses créées, la croyance en ce Dieu est un article métaphysique ; il est comme s'il n'était pas ! Son existence ne peut être démontrée expérimentalement. Si, au contraire, le Dieu créateur s'est accordé le droit de donner quelquefois des accrocs à son œuvre en faisant des miracles observables, l'existence de ce Dieu deviendra un problème scientifique, du moins en tant que les miracles pourront être considérés comme démontrant son existence. Les croyants qui croient au miracle (y croient-ils tous ?) sont absolument illogiques quand ils ajoutent que la science n'a rien à voir avec la foi. Le Dieu thaumaturge est justiciable de la science ; ce n'est plus un Dieu métaphysique.

J'ai pris là un des seuls exemples à propos desquels on puisse être sûr qu'une vérification expérimentale sera toujours impossible ; cette impossibilité est incluse, en effet, dans la définition même du Dieu inactif. Et je ne voudrais pas m'exposer à tomber dans l'erreur d'Auguste Comte qui, quelques années avant Kirchhof et Frauenhöfer, déclara que les hommes ne connaîtraient jamais la chimie des étoiles ! La chimie des étoiles influe sur les qualités de la lumière qu'elles émettent, et cette lumière frappe nos yeux. Tout ce qui se passe quelque part dans le monde matériel est susceptible d'avoir une répercussion sur nous, puisque nous sommes dans un monde, entre les points les plus éloignés duquel l'éther des physiciens établit des liaisons universelles. Et, par conséquent, tout cela PEUT devenir un *objet* d'études scientifiques.

Je m'abstiendrai donc toujours, *quand un problème me sera posé en termes clairs,* de déclarer que ce problème est du domaine métaphysique ; il se peut qu'il ressortisse simplement à la physique de l'avenir, et que les instruments qui permettront de l'étudier ne soient pas encore découverts. Il est prudent de ne pas déclarer trop vite que la solution scientifique du problème est impossible, pourvu, je le répète, que l'énoncé de ce problème *soit clair* et ne conduise pas à autant d'interprétations personnelles qu'il y aura de gens à l'interpréter.

Je prétends d'ailleurs que le doute n'est plus permis, en l'état actuel de la science, au sujet de la possibilité d'étudier expérimentalement *tout* ce qui se passe dans les êtres vivants. M. Armand Gautier lui-même, soutenant que la volonté n'a pas d'équivalent énergétique, a, par cette négation gratuite, introduit dans la physique le problème de la pensée. Car, du moment qu'il s'agit d'une mesure à faire, c'est le physicien qui doit intervenir. Que cette mesure soit difficile, qu'elle soit même impossible avec les instruments dont nous disposons maintenant, cela mettrait seulement la question dans l'état où était celle de la chimie des étoiles avant l'invention du spectroscope ; on pourrait parler de « physique de l'avenir » ; on n'aurait pas le droit de déclarer que le problème est métaphysique. Je vais plus loin, et je déclare que le problème est, d'ores et déjà, résolu. J'ai consacré toute ma vie à faire cette démonstration, et l'on me traite de métaphysicien parce que je me suis efforcé de prendre, par le côté où il était accessible, un problème que l'on ne peut pas résoudre directement dans l'état actuel de nos connaissances. J'ai procédé par déduction, en partant de tous les phénomènes bien connus de la biologie. Horreur ! introduire des déductions dans les sciences naturelles, alors qu'il *est bien établi* que ce sont des sciences expérimentales, des sciences d'observation ! C'est là mon crime, et je suis fier de l'avoir commis ; si je présente ici ma défense, c'est seulement pour donner toute sa valeur à mon plaidoyer contre le gaspillage du budget scientifique.

Tout se tient dans la nature, plus encore, si possible, dans la nature vivante que dans la nature brute. De cette vérité les hommes se sont aperçus depuis longtemps, puisqu'ils ont donné le nom unique de *vie* à un phénomène merveilleusement divers. Or, si un phénomène, méritant le même nom dans tous les cas, se cache sous des apparences si multiples, on a bien le droit, pour en étudier les mille particularités, de choisir les exemples dans lesquels ces particularités sont le plus faciles à saisir. Mais ensuite, pour généraliser, il faudra faire œuvre de raisonnement ! Cela inquiète les gens qui n'ont pas confiance dans leur logique, et je crois en effet que la qualité du raisonnement est encore plus variable avec les hommes que la qualité des organes des sens, outils d'observation. Il y a donc des gens qui ont raison de se défier de leur logique, comme un myope hésite à avancer sur un chemin inconnu, quand il a perdu son lorgnon[1]. Mais il n'en est pas moins vrai que la logique est un instrument merveilleux, et je suis surtout reconnaissant au transformisme de m'avoir appris, sans laisser place à aucun mystère, comment une telle merveille a pu se réaliser au cours des siècles, grâce à l'expérience que nos ancêtres ont acquise en luttant contre un monde hostile dont ils ont été vainqueurs, puisqu'ils ont vécu[2]. En toute sincérité, je ne puis comprendre comment, avant le transformisme, on osait se déclarer athée, quand on observait cette merveille qu'est l'esprit humain !

Maintenant que je connais son origine, je comprends en outre comment la logique humaine, produit d'une expérience prolongée des faits extérieurs, peut nous permettre d'établir, sans expérience nouvelle, des relations profondes entre quelques-uns de ces faits. C'est là ce qu'on appelle « déduire »; la faculté de déduire est la plus haute faculté de l'homme; ceux qui ne veulent pas ou ne peuvent pas s'en servir ne seront jamais des savants !

La plus haute expression du génie humain est, sans aucun doute, la physique mathématique, dont la géométrie n'est que la partie la plus avancée,

---

1. On n'a pas encore inventé de lorgnon pour les gens qui ont l'intelligence courte, et c'est bien dommage.

2. Ils sont morts ensuite, mais ils se sont reproduits avant d'être morts, de sorte que la lignée de chacun de nous est une suite triomphale de victoires, jamais interrompue par une défaite. C'est pour cela que notre logique est bonne.

la plus parfaite. Il nous a suffi de deux ou trois vérités expérimentales, comme le postulatum d'Euclide, pour construire toute une science, absolument rigoureuse, parce que cette science était, en réalité, écrite dans notre logique, résumé de l'expérience ancestrale. Et la certitude de la géométrie, science déductive, n'est contestée par personne. Quand on me démontre, par l'analyse, que l'on peut appliquer 27 lignes droites sur telle surface du troisième degré définie par son équation, je sais bien que cela est vrai, et je n'ai pas besoin d'attendre, pour en être sûr, qu'un malheureux constructeur sue sang et eau pendant des mois et des mois, pour fabriquer un modèle de plâtre sur lequel il applique tant bien que mal 27 fils tendus.

Comme il y a longtemps que l'homme fait des déductions en géométrie, nous ne nous étonnons plus que cette science soit vraie, quoique éloignée en apparence de toute donnée expérimentale. Pour la physique mathématique, nous sommes déjà un peu moins tranquilles ; nous nous effrayons de notre puissance, et nous ne sommes rassurés que lorsque l'expérience a vérifié nos déductions. Du moins, quand nous avons fait souvent de telles vérifications, nous arrivons à acquérir une confiance définitive dans notre outil déductif. L'un des hommes les plus étonnants de l'histoire du monde a été cet Américain, inconnu encore aujourd'hui du grand public, et qui s'appelait *Willard Gibbs*. Cet homme prodigieux n'a jamais fréquenté aucun laboratoire et n'a jamais fait aucune expérience. Mais il avait un outil déductif de premier ordre, et il parlait couramment le langage mathématique. Cela a suffi pour qu'il tirât *de son cerveau* les lois cachées dans les faits les plus inaccessibles de la physico-chimie. Les plus grands expérimentateurs de notre époque ont mis des années à vérifier quelques-unes des plus simples d'entre ses conclusions ; d'autres avaient trouvé péniblement, d'avance, au prix d'un labeur très prolongé, quelques faits contenus avec bien d'autres dans un passage qui occupe à peine une ou deux lignes des mémoires de Gibbs ! De l'avis des meilleurs physiciens, le rôle de la physique expérimentale n'est plus aujourd'hui que de *vérifier* les conclusions de la physique mathématique [1].

Il n'y a guère que les naturalistes [2] qui soient encore assez naïfs pour s'imaginer que l'on peut, de but en blanc, instituer une expérience féconde, ou du moins que l'on peut faire du travail utile en se servant, pour réunir les faits, de théories reconnues franchement absurdes par ceux-là mêmes qui s'en servent, comme cela a lieu pour la théorie de Weismann ou celle d'Ehrlich. Mais

---

1. Voyez en particulier BOUASSE : La méthode dans les Sciences physiques, dans le livre paru à la librairie Félix Alcan sous le titre : *De la méthode dans les Sciences*.

2. Parmi les naturalistes, je dois comprendre ces médecins qui, malgré les avis de Claude Bernard, continuent à faire des recherches purement empiriques ; ils comptent sur le hasard pour réaliser des découvertes qu'ils devraient demander à des idées directrices et à des raisonnements généraux.

j'arriverai tout à l'heure aux sciences naturelles qui doivent être le principal objet de mon plaidoyer ; je reviens en ce moment à la physique pour répondre à une objection que l'on ne manquera pas de me faire :

« Vous prônez l'*intuition* en physique, et vous dites que vous n'êtes pas métaphysicien ! Vous n'ignorez pas, cependant, que les plus notoires des métaphysiciens actuels n'ont d'autres prétention que de substituer l'intuition à l'expérience ! En se servant de son cerveau et de son cerveau seul, votre grand Gibbs s'est conformé à la méthode préconisée par ceux que vous combattez ! »

Sans doute, je prône l'intuition ; sans doute je déclare que nous devons nous servir de la logique écrite dans notre cerveau, surtout quand nous avons une logique aussi merveilleuse que celle de Willard Gibbs. Mais la logique ne peut pas faire quelque chose avec rien ; il lui faut un point de départ, et ce point de départ, elle le trouve dans l'expérience. Si extraordinaire que soit son auteur, un travail scientifique ne peut se passer d'avoir un pied dans la réalité expérimentale. Voyez la géométrie qui, je ne saurais trop le répéter, est la partie la plus parfaite, la plus achevée de la physique mathématique. Elle part du postulatum d'Euclide qui est une vérité découverte par l'expérience. Et il se trouve précisément que de grands mathématiciens (les grands mathématiciens, surtout quand ils sont uniquement mathématiciens et n'ont pas fait de biologie, versent volontiers dans la métaphysique), de grands mathématiciens, dis-je, se sont amusés à prendre comme point de départ de leurs déductions géométriques, non pas la vérité expérimentale du postulatum d'Euclide, mais *la négation même de cette vérité*. Ils ont admis, que, par un point donné, on peut mener une infinité de parallèles à une droite, ou, au contraire qu'on ne peut en mener aucune. Et sur cette base volontairement fausse, ils ont construit, avec leur machine déductive, le plus incohérent des édifices, la géométrie *non Euclidienne*. Cet amusement de grands esprits n'a pas été inutile ; quand on applique l'outil mathématique à des problèmes vraiment nouveaux, il est rare que le résultat ne soit pas fécond ; la théorie des imaginaires, par exemple, a conduit à des artifices de calcul qui sont d'une utilité pratique incontestable. Mais il ne faut pas oublier que ce sont là de simples artifices ; il faut se dire qu'on a trouvé, grâce à ces artifices, de nouvelles formes de calcul, mais ne pas s'imaginer que des résultats obtenus avec un point de départ contraire à l'expérience aient, *par eux-mêmes*, une valeur quelconque. Le plus grand des savants d'aujourd'hui, l'illustre H. Poincaré, tout en constatant que la géométrie non euclidienne n'a pas de rapport direct avec les réalités de notre univers, a accordé cependant à cette construction fantaisiste une valeur relative, en disant qu'elle serait la géométrie d'un monde non euclidien, en d'autres termes, que, dans un monde où le postulatum d'Euclide ne serait pas vérifié par les lois naturelles, *les hommes* feraient une géométrie non euclidienne. Ce raisonnement suffit à prouver que les plus grands mathématiciens, s'ils n'ont pas fait de biologie, sont exposés à errer comme de simples métaphysiciens. L'homme est le résultat d'une évolution séculaire *dans un monde euclidien*; sa logique, résumé de l'expérience ancestrale, dépend directement des lois naturelles d'un univers dans lequel le postulatum d'Euclide se vérifie partout et toujours. Une évolution dans un monde non euclidien n'aurait pas produit des hommes comme nous, mais des êtres sûrement différents de nous et qui auraient eu, sans doute, *une logique différente de la nôtre.* Ils auraient construit leur géométrie, science déductive, en partant du postulatum expérimental non euclidien, *et au moyen d'un outil déductif non euclidien comme leur postulatum*! L'application d'une logique euclidienne à un point de départ non euclidien ne peut produire qu'un résultat incohérent, ce que, en mathématiques, on nomme précisément *une absurdité*, parce que, dans la même proposition, on admet des thèses contradictoires !

Et, si un homme habitué à la rigueur de la méthode scientifique, comme le maître de la science mathématique moderne, est capable de se tromper d'une manière aussi évidente, que penser des résultats obtenus par les rhéteurs qui enseignent la métaphysique, lorsqu'ils appliquent leur intuition à des points de départ dont le sens ne peut être que subjectif et personnel ? « Quand je parle d'un mouvement absolu, dit M. Bergson (*Revue de métaphysique,* janvier 1903), c'est que j'attribue au mobile un intérieur et comme des états d'âme, c'est aussi que je sympathise avec les états et que je m'insère en eux par un effort d'imagination[1]. » Le plus grand inconvénient de ces considérations poétiques invérifiables n'est pas de conduire à des systèmes philosophiques obscurs, dans lesquels chacun trouve toujours ce qui convient à sa passion du moment ; leur danger le plus grave vient de ce qu'*elles discréditent la méthode déductive,* et font traiter de métaphysiciens ceux qui appliquent cette admirable méthode à des recherches ayant pour point de départ des faits positifs parfaitement observés. La méthode expérimentale a eu grand'peine à triompher du verbalisme scolastique ; maintenant qu'elle a conquis le monde, elle doit faire une large place auprès d'elle à la méthode déductive qui a seulement pour effet d'ajouter aux conquêtes de l'expérience moderne les acquêts de l'expérience ancestrale ; notre logique est le résumé de l'étude involontaire que nos ancêtres ont dû faire des lois du monde pour pouvoir continuer d'y vivre ; c'est là un dépôt précieux ; c'est le plus considérable de tous nos héritages ; il ne faut pas renoncer à nous en servir parce que des esprits faux l'ont utilisé de travers ; nous ne renonçons pas au syllogisme parce qu'on

---

1. V. *Science et Conscience,* chap. vi. Paris, Flammarion, 1908.

nous a montré que des prémisses inexactes conduisent à une conclusion absurde.

**

Les physiciens font tous des mathématiques ; c'est de la physique mathématique qu'ils tirent, soit leurs projets d'expérience, soit l'explication de leurs résultats. Je n'ai donc rien à dire de la physique ; elle est vraiment une science, et ses adeptes lui appliquent la méthode scientifique ; de sorte que tous les résultats obtenus par les bons physiciens sont utilisables ; je dirais même que tous sont utiles, soit au point de vue de la connaissance générale du monde, soit au point de vue d'une application plus ou moins immédiate à l'industrie. La physique est la science par excellence, et l'on devrait attribuer à la physique la plus grande partie du budget de la science, car toutes les autres sciences ont besoin de la physique ; elle est la base de tout.

On confond, sous le nom de chimistes, des gens très différents les uns des autres. Quelques-uns, qui font de la chimie générale ou de la chimie physique, sont de véritables physiciens ; ils agrandissent chaque jour le champ de nos connaisances théoriques. D'autres, bien plus nombreux, font de la chimie comme les cuisiniers font de la cuisine ; ce sont de bons ouvriers dont le labeur trouve une utilisation industrielle immédiate ; ils appliquent des méthodes trouvées par d'autres, mais leurs découvertes sont indispensables à la conquête, par l'homme, du monde organique et inorganique.

Les astronomes et les mécaniciens sont des physiciens dont l'objet est situé plus haut sur l'échelle des grandeurs ; mais ce sont des physiciens, et tous, d'ailleurs, font des déductions et emploient le langage mathématique.

Quelle chute quand nous passons de ces vrais savants à ceux qui étudient la vie sous toutes ses formes, les pathologistes, les physiologistes, etc..., les naturalistes en un mot, puisqu'on a pris l'habitude de réserver le nom de nature à la nature vivante. Dès qu'on entre dans les « sciences? » naturelles, on se retrouve en plein moyen âge, avant Lavoisier, avant Descartes, avant l'avènement de l'ère scientifique !

Il y a eu des alchimistes pendant des siècles, tant que le génie d'un homme plus grand que tous les autres n'a pas montré la voie aux chercheurs ; les naturalistes d'aujourd'hui sont comme les alchimistes d'autrefois ; Claude Bernard n'a pas réussi à être un second Lavoisier ; plusieurs siècles s'écouleront, je pense, avant que naisse le Lavoisier des sciences naturelles ; et, lorsqu'il paraîtra, je crains qu'il soit lapidé !

S'il est facile en effet, pour un homme médiocrement doué, de grossir l'armée des cuisiniers de la physique et de la chimie, les sciences naturelles offrent infiniment plus d'avantages aux impuissants ; elles leur laissent l'espoir de devenir des maîtres, ce qui, heureusement, est à peu près impossible dans les sciences dites physiques. Et à mesure que le nombre des maîtres médiocres s'accroîtra, le recrutement des maîtres de l'avenir se fera de plus en plus parmi les médiocres ; il faudra une révolution pour que cela change !

Pour montrer en quelle piètre estime étaient tenus autrefois les membres du corps de santé naval, on répétait volontiers, il y a cinquante ans, ces paroles d'une mère toulonnaise : « Mon aîné est intelligent, je tâcherai d'en faire un calfat ; le cadet ne comprend rien du tout, nous le mettrons dans les chirurgiens de marine. » Quand un jeune homme que ses parents destinent à la carrière des sciences[1] manifeste une incapacité mathématique totale, on ne prend pas la résolution de lui faire apprendre un métier manuel dans lequel il pourrait se distinguer, on en fait un naturaliste, et l'on sait bien en effet, que, dans cette carrière, avec un peu de conduite, on *doit* réussir !

J'ai souvent soutenu, avec fort peu de succès d'ailleurs, je l'avoue, cette idée qu'on ne devrait pas pouvoir devenir un maître, dans une science quelconque (même en médecine) sans avoir fait preuve d'aptitudes mathématiques. Les mathématiques sont la langue de la science ; celui qui ne peut pas les comprendre ne sera jamais un savant. Il ne suffit pas de savoir le français pour devenir

---

1. Car c'est aujourd'hui une carrière à laquelle les parents destinent leurs enfants sans se soucier de leurs aptitudes.

sûrement Diderot ou Renan ; la connaissance des mathématiques ne suffit pas davantage pour faire un homme de science ; *l'inaptitude à les comprendre devrait être éliminatoire !* C'est bien ce que l'on a décidé dans l'industrie ; il faut être mathématicien pour devenir ingénieur ; ceux qui ne peuvent pas *mordre* aux mathématiques restent des ouvriers ou des contremaîtres. Cela ne veut pas dire d'ailleurs, que tous les ingénieurs soient bons parce qu'ils savent le calcul différentiel.

On a imposé aux futurs médecins une année d'études scientifiques préparatoires ; cela est excellent, mais c'est trop peu pour ceux qui ne se contentent pas d'être de modestes praticiens et veulent devenir des maîtres de la science médicale ; il faudrait exiger de ceux-là la preuve d'une aptitude mathématique ; on ne fait pas de mathématiques au P. C. N.

Ce modeste P. C. N. qu'on exige des médecins, quoique la plupart d'entre eux aient pour seule ambition d'être des ouvriers consciencieux, on ne le demande même pas aux naturalistes ! On peut devenir un *maître* des sciences naturelles sans avoir jamais fait d'autres sciences exactes que celles qui font partie du programme de baccalauréat ! C'est vraiment une prime à l'introduction des incapables dans la carrière scientifique qui exige, à mon avis, le plus d'aptitudes déductives. Aussi, quel encombrement !

Un jeune homme *qui n'est pas doué pour les mathématiques* et qui veut néanmoins entrer dans l'enseignement supérieur, prépare, au sortir du baccalauréat, des examens de botanique, de zoologie et de géologie, qui lui donnent le grade de licencié sans qu'il ait eu besoin de faire usage de qualités autres qu'un peu de mémoire et une certaine assiduité aux travaux pratiques. A ce moment, il a de l'acquis, mais il n'a fait preuve d'aucune des aptitudes qui promettent un savant. Que faut-il désormais pour qu'il acquière des droits à la situation de *maître* ? Il faut qu'il fasse un travail personnel, nommé bien à tort une *thèse*, en souvenir, je pense, d'une époque où l'on demandait aux docteurs d'avoir des idées.

Pour faire une thèse il entre dans un laboratoire dont le directeur lui dit : « Mon ami, il faut d'abord apprendre la *technique*. »

La technique, c'est la cuisine. On peut l'apprendre sans aucune intelligence : il suffit d'être docile.

Si par hasard l'élève est intelligent, il peut s'étonner que, pour étudier les animaux vivants, on commence par les tuer en les faisant cuire pour les débiter ensuite en tranches minces. En général, cet étonnement dure peu. On avait cru qu'on se destinait à l'étude de la *vie* ; mais on voit bien vite qu'on s'était trompé. On n'étudie pas la vie ; c'est trop difficile ! On apprend donc la technique !

Puis il faut un sujet de thèse.

Si les directeurs d'études avaient des âmes de savants, s'ils étaient hantés par certaines curiosités d'ordre élevé, ils auraient sans cesse des travaux intéressants à confier aux apprentis cuisiniers qui viennent leur demander de l'ouvrage. Mais ce n'est pas un travail intéressant que demandent les candidats ; il leur faut, pour que cela compte comme thèse, un sujet nouveau non encore défloré par un collègue. Comme cela, ils sont sûrs que leur travail sera *personnel*, quoiqu'il n'y aient mis, et pour cause, aucune trace de personnalité.

« Étudiez donc la cinquième paire de pattes thoraciques des homards ; X... a fait un très beau travail sur la quatrième paire. »

On se met à l'œuvre ; on étudie ce qui a été publié sur la question (cela s'appelle faire la bibliographie du sujet). On fait d'ailleurs cette recherche, non pas avec l'idée de compléter un ensemble, de tirer une conclusion, mais avec le souci de ne pas perdre son temps à retrouver des choses qu'un camarade aurait déjà vues et qui « ne compteraient pas comme travail personnel » ! Au bout de deux ans environ, on a les éléments d'une thèse ; on rédige un gros livre de deux cents pages, dans lequel on raconte tous les déboires de ses opérations culinaires, et que l'on illustre de belles planches très coûteuses qui représentent tous les aspects de la cinquième paire de pattes du homard. On a fait une *belle thèse* ; on est docteur et *dignus intrare !*

Ce qui est dangereux dans cette manière de faire, c'est que, ayant passé deux ans à un travail aussi parfaitement inutile, *le candidat ne conçoit plus qu'on en puisse faire d'autres !* Si le nouveau docteur était un imbécile, cela n'a pas d'importance ; il continuera toute sa vie à gaspiller le budget de la science pour faire des travaux (?) qui le couvriront d'honneur. Ce qui est bien plus grave, c'est que l'application courante de ces procédés intoxique des jeunes gens de valeur au point de leur enlever désormais toute curiosité scientifique. J'en ai connu plusieurs, qui avaient fait de bonnes études de mathématiques et de physique, et qui, en outre, avaient le feu sacré. Ils voulaient comprendre, et ils étaient peut-être capables d'y arriver. On leur a donné des petites bêtes à cuire et à couper en morceaux ; ils les ont coloriées et en ont tiré d'admirables dessins. Cela les a amusés ; on est donc savant à si bon compte ? C'est une prime à la paresse intellectuelle ! Ils ont bien vite oublié toutes les nobles aspirations du début : ils continueront à faire cuire des bestioles, à les colorer et à les découper ; et, s'ils deviennent des maîtres, ce qui est certain, ils feront faire la même chose à leurs élèves. Ils auront des laboratoires où l'on dépensera beaucoup d'argent et où l'on fera beaucoup de *bon travail* ; ce sera une gloire nationale.

*
* *

J'ai pris mon exemple dans les laboratoires que j'ai le plus fréquentés, ceux où l'on étudie la zoologie et la botanique : c'est que cet exemple est le plus particulièrement intéressant pour mon sujet. En effet, sauf pour quelques cas très rares, dans lesquels il s'agit d'animaux avec lesquels l'homme a à compter directement ou indirectement dans sa lutte pour la vie, les études qui font l'objet des travaux de zoologie ne peuvent avoir qu'un intérêt purement philosophique. On monte, à grands frais, des expéditions ayant pour but le dragage des grandes profondeurs de l'Océan ; il est bien certain cependant que l'homme ne peut tirer aucun avantage pratique de la connaissance détaillée de l'anatomie d'une langouste abyssale.

Les études de zoologie descriptive ne sauraient avoir qu'un intérêt spéculatif au point de vue de la question de l'origine et de la parenté des espèces vivantes. A moins d'avoir une grande confiance dans le dieu Hasard, il faut donc bien se dire que l'étude du « matériel » provenant du dragage des grands fonds ou des explorations dans les pays lointains, n'a de chance de donner quelques résultats utilisables que si elle est conduite par des hommes préoccupés des questions philosophiques qu'il s'agit de résoudre. Or c'est, en général, le cadet des soucis des zoologistes. Ils font de belles planches, très coûteuses, par la photographie ou le dessin ; ils décrivent minutieusement, dans des mémoires pesant plusieurs kilogrammes, tous les détails des carapaces et des ornements qui les recouvrent. Et cela va grossir chaque jour l'accumulation déjà invraisemblable des « documents » que personne n'utilisera jamais, parce qu'ils sont trop nombreux, et parce qu'ils ne portent pas la marque de savants méritant ce nom.

Je n'ai pas dit qu'il suffirait, pour éviter ce gaspillage, d'exiger que les naturalistes eussent d'abord fait leurs preuves comme mathématiciens et physiciens. Je répète au contraire que plusieurs jeunes hommes, ayant donné les meilleures espérances par leur aptitude aux sciences exactes, ont renoncé à tout effort personnel et suivi, par paresse, les errements de leurs devanciers. Et, aujourd'hui, le mal semble bien inguérissable, car la plupart des maîtres actuels ont conquis leur « maîtrise » en faisant œuvre de cusiniers.

Je demande qu'on fasse place aux qualités intellectuelles dans le recrutement des professeurs, et qu'on leur attribue plus d'importance qu'à l'habileté manuelle de l'ouvrier et du dessinateur.

Je demande que, dans ces laboratoires admirablement outillés par l'État ou par des dons particuliers, dans ces laboratoires, vrais objets de luxe, et qui absorbent la majeure partie du budget de la science, on travaille avec des idées directrices, et en vue d'un but déterminé. Je demande qu'on ne se propose pas seulement d'y produire des quintaux de papier imprimé et d'images coûteuses dont la SEULE utilité est de donner à leurs auteurs des *titres scientifiques* (?).

« Vous tombez bien, me répondra-t-on ; c'est au moment où les lois de *Mendel* et les mutations de *de Vries* ont donné un si magnifique essor aux recherches expérimentales organisées en vue d'un but philosophique très précis, que vous vous plaignez de l'absence d'idées directrices dans les laboratoires ! » La thèse que je soutiens ne saurait invoquer de meilleur argument. Voilà deux pauvres remarques de second ordre, qui laissent entier le problème de la vie et de l'évolution, qui se rapportent à des phénomènes accessoires ayant la valeur d'une simple amusette[1] et qui ont accaparé toute l'activité des laboratoires depuis des mois et des mois ! Ces deux remarques, on peut les enseigner à n'importe qui en deux heures, et elles deviennent le fondement de la biologie, parce qu'elles sont une source inépuisable de *travaux* susceptibles d'être imprimés, et parce que les maîtres sont impuissants à trouver d'autres idées directrices ! Ce que Mendel a remarqué sur de croisements de petits pois, on le recherchera en faisant des croisements de haricots, d'artichauts, de grenouilles, de lézards, de moineaux, de canaris, etc. » Comme le nombre des espèces animales et végétales est immense, cela fait bien du travail *original* en perspective ; la mine est féconde et ne sera pas vite épuisée. C'est à cela qu'on reconnaît qu'une idée est bonne.

Ouvrez au hasard un livre de sciences naturelles, et vous verrez que les auteurs, sans trop savoir pourquoi le plus souvent, mais adoptant en cela les affirmations de quelques savants qui ont

---

1. V. plus bas, chap. VI.

réfléchi, déclarent inacceptable la théorie fantastique de Weissmann sur l'Hérédité (Combien ils ont raison! C'est un monument qui nous ramène au xiii° siècle !). Mais ils ajoutent tout de suite : « On ne peut nier cependant que cette théorie fausse ait rendu de grands services à la science en suggérant un nombre incalculable de travaux. » La voilà bien la marque d'une théorie féconde ! On a accumulé les kilogrammes de papier imprimé ; les laboratoires ont eu l'aspect de fourmilières d'où sortaient beaucoup de publications; ils ont donc acquis le renom de bonnes officines et on a augmenté leur budget !

Quand un nouveau directeur d'études prend la place d'un prédécesseur mort, il réunit son personnel, et il dit ceci en substance :

« Messieurs, nous allons bien travailler; je ne demande qu'à vous aider de toute ma science et de toute ma bonne volonté; mais les crédits du laboratoire sont dérisoires; je demanderai, de l'argent aux pouvoirs publics ; je m'adresserai au besoin à l'initiative privée; oh! Messieurs! nous allons bien travailler! »

Pour cela, il faut de l'argent, beaucoup d'argent ! Le malheureux ne se doute pas que s'il avait un cerveau de savant cela vaudrait beaucoup mieux pour ses élèves ; mais il est plus facile de demander et d'obtenir des subventions. Jamais laboratoire a-t-il été plus pauvre, plus lamentable de dénuement que celui dans lequel Pasteur a fait à l'Ecole normale ses immortelles découvertes ?

Mais il y avait dans ce laboratoire un homme de génie que n'ont pas remplacé les souscriptions internationales et les palais luxueux. Évidemment, tout le monde ne peut pas être Pasteur; il est vrai aussi que tout le monde ne devrait pas pouvoir devenir un maître de la science. On dépense trop d'argent pour entretenir des incapables. Ce qui est plus grave, c'est que ces incapables, devenus directeurs d'études, fausseront la conception scientifique chez des jeunes gens pleins d'enthousiasme, et empêcheront ainsi que de nouveaux Pasteur sortent du rang. Ils prépareront des maîtres à leur taille, peut-être même au-dessous ! Et cela durera jusqu'au moment où, les savants étant devenus trop médiocres, leur auréole se ternira; le grand public ne croira plus à la science, et les Parlements rogneront le budget de la science !

Aujourd'hui, la science serait riche si les maîtres avaient l'esprit scientifique et quelques idées générales. Mais plus on va, plus le recrutement des maîtres se fait parmi les aide-cuisiniers qui n'ont jamais fait leurs preuves comme hommes intelligents.

J'ai bien peur que cela continue longtemps ! Les mots « laboratoire, expériences, etc. », jouissent d'un prestige qui n'est pas près de se ternir. On se découvrirait volontiers devant ces arches sacro-saintes; tout ce qui s'y passe doit être sublime, et il n'est pas étonnant, pour le grand public, que des gens quelconques, ayant passé une vingtaine d'années à rendre de menus services dans un temple où tout est sacré, deviennent maîtres à leur tour, par contagion.

Je voudrais que l'on fît plus de place à l'intelligence et aux qualités supérieures de l'esprit dans le choix de ceux qui seront, pendant de longues années, les directeurs de la conscience scientifique. Aujourd'hui, le mode de recrutement ne présente pas assez de garanties; il est trop facile à un imbécile d'acquérir des titres, des droits! Et même quand le maître a été, initialement, un homme de valeur, il peut avoir perdu, quand il parvient à la maîtrise, tout désir de se servir de sa logique et de sa machine à déduire. Notre paresse naturelle se trouve trop bien d'une besogne toute tracée ressemblant, avec plus de prestige, à celle d'un chef de bureau.

Comment s'y prendre pour changer tout cela? Je ne le sais pas, je l'avoue! Mais je crois qu'il faudrait commencer par réhabiliter les qualités intellectuelles dont, aujourd'hui, on ne se soucie plus. Chose extraordinaire, ce sont les plus intelligents des hommes, ce sont les mieux doués pour la déduction, les grands mathématiciens, qui disent sans cesse aux jeunes naturalistes: « Travaillez au laboratoire; faites des expériences d'abord; plus tard, vous penserez, si vous en êtes encore capable; défiez-vous des mouvements de votre cerveau; la folle du logis est stérilisante; elle vous empêche de vous livrer en toute conscience à votre travail de bœuf tirant la charrue. »

Mes maîtres m'ont-ils assez répété tout cela ! Mais j'étais incorrigible ; j'avais un tempérament d'aventurier, et je suis devenu un aventurier de la science, au lieu d'en devenir un prince comme tant d'autres. Je suis loin de me plaindre d'ailleurs ; je me suis prodigieusement amusé en étudiant la nature à ma manière. Il paraît qu'il faudra passer des siècles et des siècles à faire des expériences, à recueillir des documents et à imprimer de gros mémoires, avant d'oser entreprendre une théorie de la vie et du monde vivant. J'étais plus pressé que cela ; je ne me soucie guère de travailler à un œuvre qui ne prendra de l'intérêt que longtemps après ma mort ; je suis trop curieux. Je crois, d'ailleurs, que la nature fait sous nos yeux, chaque jour, d'admirables expériences auprès desquelles pâlissent les plus ingénieuses de celles que l'on réalise dans les laboratoires ; je crois, en outre que, grâce à l'expérience acquise par mes ancêtres, la logique qui est en moi me permet de comparer les résultats de mes observations et de celles des autres ; elle me permet de déduire et de conclure, peut-être hâtivement quelquefois ; mais j'ai besoin d'une conclusion. Je mets dans mes recherches déductives toute la rigueur dont je suis susceptible, mais je ne m'étonne pas cependant qu'on me reproche d'aller trop vite et trop loin. Je ne me donne pas comme modèle ; je ne suis qu'un aventurier heureux. Je suis donc, sans doute, très différent de ce que devrait être un naturaliste pour devenir un vrai savant ; mais je suis bien sûr que mes collègues des laboratoires en sont au moins aussi différents que moi. Il faudrait un juste milieu entre l'aventurier et le bœuf de labour. Avec le mode de recrutement actuel, le bœuf l'emportera de plus en plus. Un peu de logique, même aventureuse, serait bonne. Il faut réhabiliter la logique.

V

POSSIBILITÉ
D'UNE ÉTUDE OBJECTIVE TOTALE
DES PHÉNOMÈNES VITAUX

A. — *La méthode individualiste ou méthode d'assimilation*[1].

Je voudrais montrer, dans cette étude, qu'étant donné un problème biologique bien défini, la première question à résoudre est de rechercher quel est l'*individu,* quel est le facteur qui mérite le nom d'individu dans le phénomène à étudier. Cette recherche est souvent délicate, tellement délicate même qu'elle constitue parfois tout le problème. Je vais le prouver immédiatement par un exemple.

Vous avez à raconter, un jour, qu'un homme est épris d'une femme, un autre jour, que le même homme a la fièvre typhoïde.

Le langage ordinaire ne fera pas de différence entre ces deux cas ; la biologie, au contraire, y

[1]. *Revue scientifique,* 2 décembre 1911.

verra deux phénomènes entièrement différents. Si *Jean* aime *Marie*, c'est en tant qu'individu, en tant que mécanisme vraiment unique. Il n'y a même pas de cas où l'individualité d'un corps vivant s'affirme plus complètement que dans la *possession* douloureuse de la mentalité de ce corps vivant par l'image visuelle tactile ou auditive d'un autre être également individualisé. Au contraire, si *Pierre* a la fièvre typhoïde, il ne représente plus un individu unique, mais un champ de bataille sur lequel des éléments cellulaires, ou même des éléments colloïdes de dimensions inférieures à celles de la cellule, luttent individuellement contre des microbes ou des toxines. Pour comprendre cette lutte, il faut déterminer d'abord l'*échelle* à laquelle elle se passe. Mais une fois l'échelle déterminée, *la narration des luttes est la même à toutes les échelles*; on peut parler, dans le même langage, de la résistance d'une cellule à l'infection charbonneuse ou de la survie d'un amoureux possédé par le souvenir de sa maîtresse.

Je prends là, intentionnellement, deux exemples choisis aux points les plus éloignés de l'échelle biologique; une étude approfondie nous révélerait l'existence d'un grand nombre de phénomènes intermédiaires qui nous permettraient de passer plus aisément d'un bout à l'autre de cette échelle des manifestations vitales, et nous empêcheraient de nous étonner de la prodigieuse unité du langage dans ces cas en apparence si différents.

Il est donc tout à fait essentiel de bien savoir

d'abord ce que nous entendons par *individu* ; et nous ne devrons pas oublier que le même corps vivant peut être, suivant les cas dans lesquels nous étudions son histoire, considéré tantôt comme un individu, tantôt comme une agglomération d'individus distincts. Bien plus, au même moment, il peut être l'un et l'autre ! Pierre peut être à la fois amoureux et atteint de la rougeole ; il sera un individu en tant qu'amoureux et un champ de bataille en tant que malade. Cela complique beaucoup les choses.

J'ai proposé autrefois de définir l'individu, dans une espèce vivante : la plus haute unité morphologique héréditaire dans cette espèce. Et cette définition me paraît encore fort convenable ; mais elle est relative à un seul point de vue, le point de vue de la *forme totale* des êtres. Ce point de vue est fort important ; je dirais même volontiers qu'il domine fatalement tous les autres en biologie ; mais néanmoins, il n'est pas le seul. On s'en rend compte bien aisément en se reportant à l'exemple de l'homme ; l'homme total est bien un individu au point de vue morphologique ; cela est évident ; mais il est une agglomération au point de vue pathologique quand il est atteint d'une maladie microbienne. On peut ajouter encore à l'importance de la définition morphologique de l'individu en disant qu'à aucun autre point de vue, on ne peut définir, dans une espèce vivante, une individualité plus grande que l'individualité morphologique. Pour l'étude de certains phénomènes on pourra être amené à considérer des individus *plus petits* que l'individu morphologique ; on pourra morceler cet individu en individualités d'ordre inférieur. Il ne paraît guère possible de trouver un phénomène dans lequel l'individu à considérer soit une *agglomération* d'individualités morphologiques, un individu d'ordre *supérieur* à celui que définit la forme spécifique.

Ces considérations peuvent sembler bien obscures, et, en effet, je n'ai pas encore défini ce qu'on doit appeler « individu en jeu dans un phénomène donné ». C'est que la définition n'en est pas facile à donner *a priori*. C'est après avoir passé en revue un grand nombre de phénomènes biologiques que l'on comprend l'intérêt qui s'attache à la délimitation, dans chaque cas, de ce qui, dans ce cas spécial, mérite le nom d'individu. Dans une première approximation, on pourrait dire que l'individu en jeu dans un phénomène est le sujet du verbe qui, *dans une phrase correcte*, raconte le phénomène en question. Mais qu'est-ce qu'une phrase correcte ? Une proposition peut être correcte au point de vue grammatical et entièrement dépourvue de signification physique. Néanmoins, cette manière de parler fait penser déjà à un *mécanisme unique* capable d'exécuter la fonction considérée.

L'idée de l'*unité dans le mécanisme individuel* a une grande importance dans l'étude de toutes les manifestations vitales ; mais avant même de nous demander ce que nous pouvons entendre par *unité de mécanisme*, nous sommes obligés de constater que notre langage n'est pas scientifiquement rigoureux lorsque nous prêtons au mécanisme vivant considéré seul l'exécution de l'acte auquel il prend part. Nous *savons* en effet, et cela est même une vérité primordiale en biologie, que le *milieu* extérieur intervient *toujours,* pour une part qui n'est jamais négligeable, dans la perpétration d'un acte vital quelconque. Mais, ordinairement, le *milieu* n'est pas individualisable dans le temps. A chaque instant arrivent, dans le milieu, des facteurs d'action étrangers à ceux qui y préexistaient et dépourvus de toute liaison préétablie avec ceux-ci. En d'autres termes, dans l'histoire du milieu qui entoure un individu actif, il y a toujours une part de hasard[1] ; au contraire, dans l'histoire de l'individu lui-même, l'influence des hasards extérieurs se manifeste par des variations *qui dépendent toujours* de la structure préexistante de cet individu. Il y a donc dans l'histoire de cet individu une continuité particulière, la continuité vitale, qui permet d'en parler autrement qu'on ne fait du milieu. Et par conséquent, le langage individualiste appliqué à l'être vivant a une raison d'être que l'on peut défendre scientifiquement. Pour obvier à l'incorrection que je viens de signaler et qui consisterait à considérer l'animal comme l'unique auteur de ses actes, il suffira de commencer toutes les phrases de la manière suivante :

---

1. V. *Le Chaos et l'Harmonie universelle.* Paris, librairie Félix Alcan, 1911.

« *Sous l'influence du milieu actuel,* l'individu considéré exécute, à un moment donné, telle ou telle fonction. » Et, cela étant convenu une fois pour toutes, on pourra sous-entendre sans inconvénient le premier membre de phrase « sous l'influence du milieu actuel ». D'ailleurs le milieu se rappellera sans cesse à nous de manière à nous empêcher d'oublier son rôle effectif dans tous les fonctionnements individuels.

Comment définir maintenant l'unité de mécanisme à laquelle je crois devoir attribuer tant d'importance ? Cette unité consiste dans l'interdépendance absolue des parties constitutives de l'organisme considéré. Arrêtez-vous devant une boutique d'horloger. Vous pouvez représenter cette boutique par un vocable unique, mais cette unité d'appellation sera trompeuse car elle ne correspond pas à une unité de mécanisme. Il y a par exemple cinquante montres qui marchent à la fois à la devanture de la boutique. Un caillou lancé par un gamin arrêtera l'une des montres en détériorant ses rouages, et cet événement n'interviendra en rien dans le fonctionnement des montres voisines. Une indépendance presque complète se manifeste entre les mécanismes des diverses montres exposées à la devanture. Au contraire, entre les rouages de l'une quelconque d'entre elles, il y a des liaisons si parfaites qu'il est impossible d'attenter au mouvement de l'un d'eux sans que cet attentat retentisse immédiatement sur le mouvement de toutes les autres parties. Ces liaisons sont telles que, pour un observateur qui sait que la montre est saine, il devient indifférent de suivre plus particulièrement de l'œil le mouvement de tel ou tel des rouages de l'appareil. Cet observateur *sait* en effet que le mouvement de n'importe quelle pièce est fatalement contemporain de tous les autres mouvements des autres pièces. Et il connaît l'ensemble du fonctionnement quand il en connaît une partie ; réciproquement, s'il observe l'ensemble, la résultante, le mouvement de la petite aiguille des secondes par exemple, il connaîtra par là même tous les mouvements corrélatifs des rouages partiels.

Ainsi voilà un mécanisme très compliqué, le mécanisme d'horlogerie, dont le fonctionnement est cependant prodigieusement unique. Cela n'empêche pas, d'ailleurs, que des actions locales soient possibles qui ne retentissent en rien sur le fonctionnement général ; qu'une tache de rouille se produise sur l'une des roues d'acier, sans toucher à l'une des dents d'embrayage, à l'une des *liaisons* d'horlogerie de la montre, et un trou pourra en résulter dans la matière de cette roue sans que la marche de l'appareil en souffre sensiblement. L'individualisation admirable du chronomètre n'est donc pas absolue ; nous la trouverions plus parfaite chez les êtres vivants ; mais déjà, réduite à ce qu'elle est dans un instrument d'horlogerie, elle nous donne des enseignements féconds que je vais vous faire mieux saisir en prenant un autre exemple très simple.

Voici un rond de serviette (fig. 1) qui a grossièrement la forme d'un cylindre et qui est formé de 16 petites tringles d'acier rigide. Chacune de ces tringles est articulée par trois pivots avec trois de ses congénères, ces trois pivots occupent le milieu et les deux extrémités de la tringle, de telle manière qu'en étendant l'appareil, on lui donne l'aspect d'une couronne formée de 8 losanges égaux juxtaposés. Les 16 tringles rigides qui composent ces 8 losanges sont si intimement liées les unes aux autres qu'en donnant une attitude déterminée à l'ensemble formé par deux des tringles, on détermine fatalement la forme totale du système, et réciproquement. En d'autres termes, si je prends deux points quelconques *a* et *b* sur deux tringles différentes quelconques, tout mouvement qui donne à la distance *ab* une valeur donnée détermine par la même, d'une manière rigoureuse, une forme d'ensemble de la couronne.

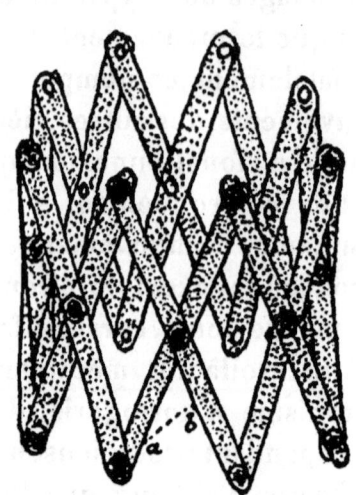

Fig. 1.

Cette forme d'ensemble est *corrélative* de la distance *ab*.

Je m'amuse maintenant à donner une série de déformations à mon rond de serviette et je me propose d'écrire l'histoire de cette série de déformations. Je pourrai fixer cette histoire par une série de photographies d'ensemble, mais j'aurai un document exactement de même valeur en notant simplement sur un papier la série des longueurs correspondantes de la distance *ab*. Au moyen de ces deux séries, si différentes en apparence, j'aurai donc raconté le même phénomène de deux manières absolument équivalentes. Et comme je puis choisir indifféremment les deux points *a* et *b*, pourvu qu'ils soient distincts et placés sur deux tringles différentes, j'aurai un nombre infini de manières équivalentes et *toutes distinctes,* de raconter un phénomène parfaitement unique, l'histoire des déformations de mon rond de serviette. Ce rond de serviette est un exemple d'individu parfait, pourvu qu'il soit entendu qu'on ne lui imposera que des déformations par mouvements des tringles sur les pivots, et que ces déformations respecteront les liaisons du système, c'est-à-dire n'arracheront pas les pivots et ne donneront pas de courbures aux tringles rigides.

Se trouve-t-il, dans l'histoire des êtres vivants, des exemples d'individualités aussi parfaitement réalisées, douées d'une corrélation aussi mathématique? Il s'en rencontre de beaucoup plus admirables, mais qui diffèrent toujours de celui du rond de serviette par une particularité très importante; cette particularité est la caractéristique de la vie.

Les liaisons des 16 tringles d'acier étaient en

effet rigoureusement invariables ; toutes les fois que, après une série quelconque de déformations, la distance *ab* reprenait sa valeur initiale, l'ensemble du système prenait, lui aussi, exactement la même attitude qu'au début. Au contraire, dans un individu vivant, si admirablement coordonné qu'il puisse être, on ne constate jamais deux états identiques à deux moments différents. L'individu, observé à un instant précis, est un mécanisme merveilleusement unique, et sa coordination se manifeste dans le fonctionnement qu'il exécute à ce moment précis. Mais, par suite même de ce fonctionnement, par suite de l'assimilation fonctionnelle qui l'accompagne, l'individu devient en un instant un *autre* mécanisme, également coordonné, mais différent. Envisagé au point de vue descriptif pur, l'individu vivant est donc un mécanisme *extemporané*, qui ne peut se conserver vivant sans se modifier. Seulement, de même qu'il y a des liaisons dans l'espace entre les divers points de l'individu envisagé à un moment précis, de même il y a des liaisons dans le temps entre les états successifs d'un même individu, chacun d'eux dérivant du précédent en vertu de lois biologiques très rigoureuses. La *vie* de l'être est, à proprement parler, la succession de ces états différents, et les lois de la vie sont celles qui établissent les liaisons entre l'état précédent et l'état suivant. Je vous ai fait remarquer tout à l'heure que le milieu, ensemble des facteurs extérieurs à l'individu, intervient dans la réalisation historique[1] de cette succession, mais les *lois* sur lesquelles j'attire en ce moment votre attention sont purement biologiques. Et j'insiste sur ce fait que, considéré à un moment précis de son existence, un *individu vivant* qui mérite vraiment le nom d'individu peut, à certains points de vue, être considéré comme un mécanisme absolument coordonné, comme un mécanisme unique.

Cette simple remarque a une importance philosophique de premier ordre. En effet, nous savons que, dans un corps vivant donné, l'on peut, à chaque instant, observer, suivant ses goûts personnels, soit des phénomènes d'ensemble à l'échelle mécanique, soit des phénomènes intimes à l'échelle chimique, soit enfin, des phénomènes d'un ordre intermédiaire, à une échelle quelconque choisie entre les deux premières, à l'échelle colloïde par exemple, qui est la plus intéressante pour le biologiste. Et si le mécanisme observé est *unique*, s'il mérite, au moment considéré, le nom d'individu au même titre que le rond de serviette de tout à l'heure, les phénomènes étudiés à ces échelles si diverses seront absolument *liés* les uns aux autres, telle manifestation remarquée en tel point à l'échelle chimique, étant inséparable de telle autre manifestation observée en tel autre point à l'échelle colloïde, ou de telle particularité d'ensemble enregistrée à l'échelle mécanique. En

---

1. V. *Le Chaos et l'Harmonie universelle*. Paris, librairie Félix Alcan, 1911.

d'autres termes, de même que, pour établir l'histoire des déformations du rond de serviette, il était indifférent de photographier ses aspects d'ensemble ou de noter les variations d'une distance *ab* quelconque mesurée entre deux points arbitrairement choisis sur des tringles différentes, de même, pour connaître l'histoire totale d'un individu pendant un temps donné, il sera indifférent de noter ses aspects à telle échelle plutôt qu'à telle autre échelle. Je vous le répète, cela sera évident du moment qu'il s'agira d'un corps vivant méritant effectivement le nom d'individu. Il faudra voir si de tels corps existent.

Une conséquence admirable de cette remarque est que, si un corps vivant mérite le nom d'individu, sa forme d'ensemble est dirigée par sa composition chimique. En effet l'un des résultats les plus remarquables de l'activité d'un être vivant est, à l'échelle mécanique, la construction progressive de sa forme. Et si cet être mérite le nom d'individu, *on raconte la même histoire* en décrivant les réactions chimiques dont il est le siège ou en reproduisant les étapes par lesquelles passe sa morphologie d'ensemble. C'est donc bien que la composition chimique du protoplasma dirige la construction de la forme spécifique.

Or, des déductions ayant pour point de départ les expériences grossières dites de *mérotomie*, m'ont précisément permis d'établir d'une façon irréfutable qu'il y a une relation de cause à effet entre la composition chimique des protoplasmas et la forme d'ensemble des êtres unicellulaires (ou même, dans certains cas, des êtres supérieurs). C'est même là le phénomène élémentaire qui explique ce fait merveilleux, imputé autrefois à une puissance mystérieuse nommée *hérédité*, que l'œuf d'homme reproduit un homme. Ce fait merveilleux se réduit à ceci que, dans un corps qui mérite vraiment le nom d'individu, il y a corrélation entre les phénomènes qui se passent aux diverses échelles.

N'avons-nous pas le droit, dans une première approximation, de retourner la proposition précédente et de dire : si un corps vivant est un individu, il y a relation de cause à effet entre les phénomènes qui s'y passent à l'échelle mécanique et ceux qui s'y passent à l'échelle chimique. Or, nous remarquons, par expérience, qu'une telle relation existe, du moins en tant qu'il s'agit des phénomènes qui construisent la forme. Nous en concluons que, du moins pour les phénomènes qui ont comme résultat l'édification morphologique, la plus haute unité morphologique héréditaire dans une espèce mérite vraiment le nom d'individu.

Ce raisonnement n'est pas un syllogisme ; il contient une part d'intuition, et il faudra vérifier ultérieurement que cette intuition est légitime. Nous pourrions aller plus loin encore, et l'*hérédité des caractères acquis* nous démontrerait que, réciproquement, les variations imposées par des contraintes extérieures à la *forme* d'un être vivant peuvent retentir sur la composition chimique de son patrimoine héréditaire. C'est ce que j'ai exprimé il y a une dizaine d'années[1] en disant que l'hérédité est la clef des phénomènes biologiques. Je voulais dire par là que, s'il y a une liaison entre les faits de l'échelle mécanique et ceux de l'échelle chimique, nous pouvons aussi bien nous servir de l'observation des premiers pour expliquer les seconds que de l'observation des seconds pour comprendre les premiers. Or, dans l'état actuel de la science, il est bien plus facile d'observer les variations à l'échelle mécanique que de les découvrir à l'échelle chimique. Si donc nous avons le droit de conclure de la première échelle à la seconde, nous pourrons devancer les découvertes de l'avenir dans le domaine de la chimie des protoplasmas. Et par conséquent, il sera très important pour nous de donner une base solide à nos déductions en démontrant l'existence réelle de liaisons morphogéniques réciproques entre l'échelle chimique et l'échelle morphologique.

Les réflexions précédentes prennent une signification plus haute encore si nous nous demandons ce qu'il convient, à proprement parler, d'appeler la *forme* chez les êtres vivants. On a l'habitude regrettable de restreindre à l'échelle mécanique la signification du mot *forme*, et de réserver toujours cette appellation à la *forme d'ensemble*, à la forme extérieure de la bête. Mais puisque, dans un être

---

[1]. L'Hérédité, clef des phénomènes biologiques (*Rev. gén. des sciences*, 1901).

donné, nous savons envisager les phénomènes à des échelles multiples, nous pouvons nous proposer de raconter l'évolution de l'individu en nous attachant plus particulièrement à l'une quelconque de ces échelles ; alors, à chaque instant, la *forme* de l'individu à l'échelle considérée sera la description totale de l'individu à cette échelle ; nous pourrons parler de *forme* à l'échelle cellulaire, de *forme* à l'échelle colloïde, de *forme* à l'échelle chimique ! De même, tout à l'heure, pour notre rond de serviette, nous pouvions considérer soit les variations de la forme totale, soit l'histoire des modifications d'une longueur *ab* arbitrairement choisie.

Et si le corps vivant observé est vraiment un individu, si ses diverses parties sont vraiment coordonnées entre elles, une *description partielle* de l'individu, à l'échelle choisie, équivaudra à la description *totale* faite à la même échelle.

Voilà où je voulais en venir avec toutes ces considérations un peu délicates. Si nous prenons le mot forme dans le sens très compréhensif que je viens de lui donner, nous ne pourrons pas admettre qu'il se passe, dans un corps vivant étudié objectivement, autre chose que des variations de forme ; si, en outre, nous savons que les variations de forme sont liées entre elles, quand il s'agit d'une part, des formes totales de l'individu à des échelles différentes, d'autre part des formes partielles de l'individu à une même échelle, il sera évident que pour connaître l'histoire d'un individu *méritant ce nom*, il suffira de connaître l'histoire, à une échelle *quelconque*, choisie à notre gré, des déformations successives d'une partie *quelconque* de cet individu.

Voilà, au sens le plus large, ce que j'entends par la *méthode individualiste*. Il est bien évident que cette méthode ne sera jamais applicable tant qu'on n'aura pas trouvé le moyen de définir ce qui mérite d'être appelé *individu* dans le phénomène étudié. Je vous ai dit, par exemple, que l'homme, quand il s'agit de phénomènes pathologiques, de l'invasion par un microbe, si vous voulez, doit être considéré non comme un individu, mais comme un champ de bataille sur lequel les véritables individualités aux prises sont de dimension cellulaire ou même de dimension colloïde. Le même homme considéré dans son entier peut-il être quelquefois considéré comme un individu unique? Oui sans doute, au moins au point de vue de la morphologie, puisqu'un œuf d'homme, par son patrimoine héréditaire, détermine la construction d'un homme avec toute son anatomie parfaitement précise ; vraisemblablement aussi à d'autres points de vue, puisque beaucoup d'autres phénomènes humains sont susceptibles d'être ramenés à des questions de forme. En particulier, au point de vue des sentiments, l'homme mérite-t-il le nom d'individu ? Si Paul aime Eugénie, l'action exercée par elle sur lui se traduit-elle par des phénomènes corrélatifs à toutes les échelles, ou bien est-ce seulement chez Paul un phénomène d'ensemble, un arrangement de neurones qui ne retentit en rien sur sa structure à des échelles inférieures ? En d'autres termes, l'amour de Paul est-il connaissable seulement à celui qui étudie Paul dans son entier, ou bien peut-il être découvert aussi par un observateur qui étudierait complètement, à l'échelle colloïde, l'une quelconque de ses cellules constitutives. Paul aime-t-il Eugénie en tant que Paul total, ou bien l'aime-t-il dans toutes les parties de son être, à quelque échelle qu'on les étudie ? Les physiologistes, habitués à étudier les trajets des influx nerveux dans les neurones comme ils étudieraient des lignes télégraphiques établies dans un pays, accepteront immédiatement, et sans émettre de doute, la première manière de voir. L'établissement d'une ligne télégraphique sur une route ne modifie pas les forêts voisines de la route. Mais c'est que précisément, un canton n'est pas un individu ; beaucoup de phénomènes différents peuvent se passer aux divers points de ce canton sans être le moins du monde reliés les uns aux autres. L'être humain, siège de mouvements qui se traduisent dans sa subjectivité par ce que nous appelons des sentiments, des pensées, est-il comparable à un individu théorique ou à un canton géographique ? Là est sans doute la question fondamentale qui domine l'histoire naturelle de l'homme. Pour celui qui étudie *objectivement* la biologie, une pensée est un phénomène *qui a une forme*. Il est donc tout naturel de croire, *si l'homme qui pense ou qui souffre mérite vraiment le nom d'individu,* que le mouvement qui constitue une pensée ou un sentiment à l'échelle des neurones a une répercussion qui se fait sentir dans tout son corps *à toutes les échelles*.

Pour un individu théorique, méritant vraiment le nom d'individu (nous aurons à voir dans quels cas l'homme mérite ce nom), l'étude, à une échelle quelconque, de la série des phénomènes qui se passent en un point quelconque de l'organisme conduit donc à la connaissance *totale* de l'histoire de l'individu. En d'autres termes, il y a équivalence entre les documents fournis à l'observateur à l'échelle colloïde ou chimique et ceux qui peuvent être recueillis à l'échelle mécanique d'ensemble. Voilà le premier point que je voulais établir ; je me trouve conduit au cœur de mon sujet.

※
※ ※

Les réflexions auxquelles je me livre depuis si longtemps au sujet des phénomènes vitaux, ont eu pour point de départ tous les faits d'observation ou d'expérience recueillis par les naturalistes dans les cantons les plus divers de l'activité universelle. Elles m'ont conduit à une formule unique dans laquelle j'ai cru que pouvait se résumer, se synthétiser la biologie tout entière. C'est la loi *d'assimilation fonctionnelle*. Il m'a semblé que *tout* phénomène vital peut se réduire en dernière analyse à un cas particulier de cette loi. Beaucoup ont cru que cette réduction à l'unité, valable pour les phénomènes grossiers ordinairement réunis sous le nom de phénomènes de la vie végétative, n'était plus de mise dès qu'il s'agissait des phénomènes plus élevés de la vie sentimentale ou de la vie intellectuelle. Quelques philosophes même n'ont pas craint d'affirmer que les phénomènes de la vie de relation sont *le contraire* des phénomènes d'assimilation. Je m'efforcerai de montrer un peu plus loin qu'aucune raison valable ne peut être invoquée à l'appui de cette thèse. Bien plus, je ne crois pas qu'on puisse découvrir une seule différence essentielle entre les manifestations vitales que l'on a accoutumé de considérer comme supérieures et celles que l'on appelle volontiers inférieures dans le même individu. Toutes les manifestations vitales qui se rencontrent chez un être vraiment individualisé peuvent, en fin de compte, se raconter au moyen de la même formule pourvu qu'on les envisage à la même échelle. Mais, précisément, s'il s'agit d'individus vrais, répondant à la formule théorique que nous avons utilisée dans la première partie de ce chapitre, (et ce désideratum sera toujours réalisé si nous savons, dans chaque cas, limiter l'individu qui entre en jeu dans le phénomène considéré), s'il s'agit, dis-je, d'individus vrais, on pourra toujours étudier leur histoire à une échelle inférieure, puisque, dans un individu vrai, il y a équivalence absolue entre les narrations des faits à deux échelles quelconques. On pourra donc toujours choisir l'échelle colloïde pour raconter un phénomène, et, à cette échelle colloïde, tout phénomène vital, quel qu'il soit, sera toujours un fait d'assimilation fonctionnelle. Dans l'étude qui suit celle-ci dans ce recueil et que j'intitule « βίος et ζωή », je montrerai que, malgré les apparences, tous ces phénomènes sont justiciables d'une explication commune. J'essaierai de raconter certains phénomènes physiques non vitaux au moyen de la méthode individualiste qui méritera alors de s'appeler *méthode d'assimilation*.

Ces deux expressions vous paraîtront sans doute bien étrangères l'une à l'autre et bien peu dignes d'être rapprochées ; j'espère vous montrer que le phénomène d'assimilation ne peut se comprendre s'il ne s'agit pas d'une manifestation de l'activité universelle dans laquelle on doit, à un certain point de vue, découvrir un mécanisme qui mérite le nom d'individu. Voici, par exemple, un tuyau sonore qui rend un son déterminé. Au moyen de divers appareils de mesure nous pouvons connaître la distribution des pressions et des vitesses vibratoires dans la colonne d'air qui remplit ce tuyau sonore. Ces pressions et ces vitesses vibratoires ne sont pas visibles pour nous, mais nous pouvons nous les représenter par des schémas, et alors, nous constatons que la colonne d'air du tuyau sonore a une *forme*, une morphologie d'ensemble, *une morphologie d'individu*. Cette morphologie de l'air du tuyau sonore, avec ses *nœuds* et ses *ventres*, est en relation de cause à effet avec les qualités acoustiques du *son* rendu par l'instrument, comme tout à l'heure les changements de forme de notre rond de serviette étaient liés rigoureusement aux variations d'une longueur *ab* mesurée entre deux points quelconques de deux tringles d'acier de cet appareil. De telle manière que nous connaîtrons l'état d'ensemble de la colonne d'air du tuyau si nous mesurons les variations locales de pression ou de vitesse en un point quelconque de cette colonne d'air; réciproquement, la connaissance de la morphologie d'ensemble nous renseignera sur les phénomènes locaux élémentaires.

Voilà donc un *individu-mécanisme* répondant aux conditions de notre définition de tout à l'heure. Cet individu a une forme comme un individu vivant, et, si l'air atmosphérique se déplace lentement dans le milieu de manière à traverser le tuyau sonore, il est fatalement soumis, par des nécessités physiques, à cette morphologie particulière du tuyau sonore. En d'autres termes, il est *assimilé* par ce tuyau, du moins au point de vue de sa topographie physique, car sa composition chimique n'en est pas altérée. Et même, si les courants atmosphériques apportaient au tuyau, au lieu d'air ordinaire, un gaz différent de lui par la densité, ce serait la topographie individuelle du tuyau sonore qui en serait modifiée, et en même temps, les qualités du son qu'il rend.

Plaçons-nous maintenant *en dehors* du tuyau, en un point quelconque de la chambre où il vibre; en quelque point que nous soyons placés, nous *entendons* le son produit par cet instrument de musique ; nous l'entendons, et nous *reconnaissons* toutes ses qualités individuelles. C'est donc qu'une reproduction fidèle du mouvement vibratoire en question se trouve à chaque instant réalisée dans toute l'étendue de l'atmosphère de la chambre. On exprime ordinairement cette vérité en disant que le son se propage à travers l'air atmosphérique. Je propose de remplacer cette expression par une autre, que j'ai déjà employée plusieurs fois, et de dire que le tuyau sonore *assimile* le milieu élastique au sein duquel il vibre. Sans doute cette assimilation n'est que *partielle* ; l'air ambiant vibre à l'unisson du tuyau sonore, et l'on peut reconnaître, en un point quelconque de cet air ambiant, les qualités les plus précises du son rendu par le tuyau, notamment sa hauteur et son timbre ; mais il y a cependant des phénomènes qui se manifestent dans le tuyau sonore et ne se transmettent pas en dehors de lui, ce sont les phénomènes morphologiques du mécanisme individuel ; dans l'espèce, il s'agit de la distribution des nœuds et des ventres.

Il serait facile de trouver dans le domaine des vibrations lumineuses des exemples comparables de tout point à celui du tuyau sonore, et dans lesquels des qualités très précises d'un corps lumineux se propagent à travers le milieu sans imposer cependant à ce milieu la *morphologie* localisée dans le corps lumineux lui-même. Là encore il y aurait assimilation partielle du milieu mais non assimilation totale.

On trouve, dans l'histoire des corps vivants, des phénomènes identiques à ceux que je viens de vous signaler. Le plus important de tous est l'assimilation physique d'un liquide par une bactérie vivant dans son sein. On donne ordinairement à ce phénomène le nom dangereux de sécrétion des diastases spécifiques ; c'est par un phénomène de cet ordre que la levure, *digérant* le moût, le transforme en bière. Mais là encore, on le voit, l'assimilation n'est pas totale. En dehors du corps même des cellules de levure, il y a de la bière et non de la levure de bière, et l'assimilation se traduit seulement par ce fait que, pour employer le langage de l'acoustique, la bière et la levure sont *à l'unisson*.

Au lieu de dire qu'un corps vibrant *assimile* le milieu élastique au sein duquel il est plongé, on peut dire au contraire que le milieu *imite* le corps vibrant. L'*imitation* est ainsi le contraire de l'*assimilation*, en ce sens que l'assimilation est active, l'imitation passive.

L'assimilation *impose*, l'imitation *subit*.

Il faudra discuter de très près cette interprétation des phénomènes naturels. C'est en elle que se trouve la clef de la biologie. La notion essentielle de *lutte* dérive immédiatement de cette simple observation.

S'il y a, dans un même milieu, plusieurs corps méritant le nom d'*individus* et doués d'un genre d'activité qui permette de leur appliquer le langage auquel nous venons de nous arrêter, il est évident qu'à ce point de vue tout au moins il y aura *lutte* entre eux. En effet, chacun d'eux fera partie du *milieu* de tous les autres ; son activité personnelle tendra à assimiler le milieu ; mais sa personnalité sera atteinte si, au lieu d'assimiler, il *imite* ou *est assimilé*. Dans la nature vivante, il n'y a pas en général de victoire absolue ou de défaite absolue, mais un compromis dans lequel chacun conserve et impose une partie de son individualité, tout en *imitant* une partie de celle des autres.

Les corps vivants, qui intéressent particulièrement le biologiste, peuvent agir sur le milieu à divers points de vue.

Ils agissent sur lui en tant que corps vivants par la sécrétion de diastases ; c'est là le phénomène vraiment biologique ; mais il ne se manifeste à vrai dire que chez les êtres simples et nus vivant dans des milieux liquides. Il est probable que l'animal supérieur, enfermé dans le sac imperméable de sa peau, n'émet pas dans le milieu ambiant une partie sensible de son activité biologique, quoi qu'en aient pensé les physiciens de Nancy qui ont cru découvrir les rayons N. L'activité assimilatrice serait donc localisée, chez les animaux supérieurs, à l'intérieur de son enveloppe même, et n'intéresserait que les corps introduits artificiellement dans cette enveloppe (aliments, etc., etc...)

Mais le corps vivant n'agit pas sur le milieu en tant que corps vivant seulement. Il peut agir aussi en tant que corps ordinaire, parce qu'il est éclairé (image visuelle), parce qu'il est sonore (voix). Nous aurons à tenir compte de ces deux particularités et même de quelques autres (odeur, etc...) quand nous étudierons dans le prochain chapitre, le phénomène vital d'ensemble.

Vous voyez déjà que la question d'assimilation est inséparable de la question individualiste. A chaque instant se pose pour l'individu le dilemme terrible que Shakespeare exprimait sous la forme célèbre : « to be or not to be », assimiler ou imiter, vaincre ou être vaincu. Et, par conséquent, la méthode individualiste, qui se préoccupe avant tout de l'existence des *individus,* peut s'appeler aussi *méthode d'assimilation,* l'assimilation étant la condition essentielle de la conservation des individus.

L'imitation étant l'inverse de l'assimilation (j'ai écrit ailleurs quelle est la revanche du milieu sur le vivant), on pourrait employer aussi l'expression « méthode d'imitation ». Cette manière de parler serait dangereuse, car l'imitation est moins simple que l'assimilation. Dans l'imitation, il y a une résistance de l'individu défini, et un exemple simple vous montrera combien nous sommes loin de nous représenter facilement ce qu'est, en réalité, un phénomène d'imitation ; j'emprunterai cet exemple à l'optique : Le spectre d'absorption est superposable au spectre d'émission. En d'autres termes, si un gaz chaud est capable d'émettre certaines radiations (caractérisées par leur réfrangibilité), c'est-à-dire d'assimiler l'éther d'une certaine manière, une lumière blanche complète qui traverse ce gaz, et qui est réduite à *l'imiter* (au sens que nous avons défini plus haut), perd précisément celles de ses radiations qui font partie de l'image individuelle du gaz. Il y a donc imitation au sens opposé de celui que nous acceptons couramment. Des raies noires se trouvent dans le spectre d'absorption aux lieu et place des raies brillantes du spectre d'émission. Il n'était pas inutile de faire appel à cette comparaison pour préparer à cette idée paradoxale en apparence et qui sera développée dans le prochain chapitre, à savoir que l'*immunité* elle-même est un phénomène d'imitation. C'est en *imitant* la toxine injectée que les chevaux de l'Institut Pasteur de Villeneuve-l'Étang fabriquent le sérum anti-diphtérique.

Je vais m'efforcer, dans le chapitre suivant, de montrer quelle admirable synthèse la biologie peut tirer de l'emploi judicieux de la méthode individualiste ou d'assimilation, tout en répondant aux objections de ceux qui refusent d'admettre l'unité des phénomènes vitaux et qui opposent la vie végétative à la vie sentimentale ou intellectuelle.

B. — ΒΙΟΣ et ΖΩΗ [1].

Dans une excellente analyse de mon livre *La*

---

1. *Revue philosophique*, septembre 1911.

Stabilité de la vie, M. Lalande fait des réserves sur la définition de la vie à laquelle je me suis arrêté depuis quinze ans :

« En tant que point de départ, que définition constructive, écrit-il[1], cette définition est sans doute très acceptable. Mais il faut bien se rendre compte qu'ainsi restreinte à l'assimilation fonctionnelle, *elle ne correspond plus qu'à une partie minime de ce que nous appelons ordinairement de ce nom*[2]. Il y a d'abord toute la « vie » intellectuelle, artistique, morale, qui est *l'antithèse même* de l'assimilation fonctionnelle. Je crois avoir démontré cette opposition assez complètement pour la mettre hors de doute : l'une travaille à conquérir toute la matière et toute l'énergie pour lui imposer son type spécifique... L'autre est au contraire en progrès quand il y a marche à l'identité, passage d'une individualité fermée à une personnalité ouverte, transformation des opinions différentes en une vérité commune... Dès lors, n'y a-t-il pas lieu de revenir, en ce qui concerne les actes visibles des êtres supérieurs, à la conception classique qui les oppose à la nutrition ? Ne faut-il pas, en somme, les exclure de la « vie » dans ce qu'ils ont d'essentiel ? Mais ceci n'est peut-être qu'une question de mots et de classement. Les Grecs distinguaient et opposaient déjà βίος et ζωή. Je crois seulement que la tournure d'esprit de M. Le Dantec ne se

---

[1]. *Revue philosophique*, t. LXXI, 1911, p. 193.
[2]. C'est moi qui souligne.

prête pas très volontiers à reconnaître les antithèses et le dualisme dont il me semble, pour ma part, que les choses sont faites. »

Je suis très heureux que mon ami Lalande me donne, par cette critique très sérieuse, une occasion de résumer mon opinion sur l'antithèse qu'il signale. Cette opinion, je l'ai longuement exprimée çà et là, dans plusieurs ouvrages, et en particulier dans *La lutte universelle* et dans *Science et Conscience*. Mais n'ayant jamais eu à répondre à une objection directe de cet ordre, je n'ai pas encore rassemblé mes arguments en un seul faisceau; je vais le faire ici avec d'autant plus de plaisir et de facilité, que la question me paraît aujourd'hui extrêmement claire.

**
**

Quand j'ai commencé, il y a vingt ans, mes études de biologie générale, je me suis d'abord proposé de chercher une définition de la vie qui fût applicable à tous les corps vivants; il fallait qu'une telle définition fût possible pour que la conservation du mot *vie* fût justifiée; et il n'était pas certain, *a priori*, que cette définition se trouverait; la seule raison, en effet, pour laquelle nous traitons indifféremment de *vivants* les êtres si dissemblables du règne animal et du règne végétal, c'est que nos ancêtres nous en ont transmis l'habitude; cette habitude, acceptée sans discussion par les générations successives, pouvait-elle résister à un contrôle scientifique ? Nous devons à la tradition assez d'erreurs grossières pour avoir le droit, sans sacrilège, de nous poser cette question. J'ai donc essayé de voir, en commençant, s'il existe, suivant la formule de Claude Bernard, un ensemble de phénomènes communs aux animaux et aux végétaux, et à eux seuls. Si cet ensemble existe, il constitue, à proprement parler, la définition de la vie. Naturellement, j'ai cherché parmi tous les phénomènes connus ; ceux qui se passent chez l'homme nous sont plus familiers, mais, surtout si on les observe chez l'homme adulte, ils ne se prêtent guère à la généralisation. En particulier, une discussion philosophique entre Lalande et moi sur la dissolution opposée à l'évolution, cela est sans doute un phénomène constaté chez des animaux, mais ce n'est pas un phénomène qui puisse être considéré comme commun à tous les animaux, encore moins aux végétaux. Il fallait donc choisir autre chose. Après avoir passé en revue tout ce que je connaissais des manifestations vitales spécifiques, mouvement, etc., je me suis arrêté à l'*assimilation*. Je ne dis pas l'*assimilation fonctionnelle*, mais bien l'assimilation pure et simple ; je montrerai tout à l'heure pourquoi je fais cette remarque. L'assimilation pure et simple, quoique ne se réalisant sans doute à l'état de pureté chez presque aucun être vivant dans la nature, me parut caractéristique de la vie. Je me décidai à déclarer *vivant* tout corps chez lequel on peut découvrir un phénomène d'assimilation, ce phénomène fût-il compliqué d'un grand nombre de phénomènes accessoires susceptibles de le masquer plus ou moins complètement.

La définition la plus absolue de l'assimilation est la suivante : un corps défini *assimile* quand il conquiert de l'espace en gardant sa structure propre, quand il impose sa structure à une portion croissante du monde.

Je fais immédiatement remarquer que l'assimilation ainsi définie, sans restriction, met en dehors du domaine de la vie tous les phénomènes vibratoires ordinaires. Un phénomène vibratoire peut, en effet, se transmettre à travers des milieux, en conservant avec lui-même une ressemblance *physique*; mais, en se transmettant à travers les milieux, il respecte la nature chimique de ces milieux; une onde sonore définie dans l'air deviendra, en passant dans le chlore, une onde définie dans le chlore; il y a donc, jusqu'à un certain point, assimilation physique, mais non assimilation totale comme dans le phénomène vital parfait. Au contraire, un corps vivant qui est le siège d'une assimilation pure et simple, impose à une portion croissante du monde sa structure tant *chimique* que *physique*.

Il n'y a donc pas de phénomène vital proprement dit sans phénomène chimique ; or, ce que nous savons aujourd'hui de la conservation de la matière nous permettant d'affirmer qu'on ne saurait faire quelque chose avec rien, nous sommes, dès le début de notre étude, conduits à nous occuper des corps extérieurs aux dépens desquels l'être vivant s'accroît par assimilation ; c'est ce qu'on appelle les aliments. Et par conséquent, nous voilà déjà aux prises avec une difficulté :

Notre définition absolue de la vie nous faisait parler de l'accroissement en volume d'un être vivant qui conserve sa structure élémentaire ; mais il ne peut y avoir accroissement de volume avec conservation de structure sans qu'il y ait aussi accroissement de masse. Cet accroissement de masse se fera, suivant la loi de Lavoisier, par des emprunts faits à des masses extérieures ; et il est évident que, ces emprunts ne pouvant être prélevés sur des corps quelconques, la nature des objets voisins du corps vivant *influencera* le phénomène d'assimilation.

Dans l'état actuel de la chimie biologique, nous sommes en droit d'affirmer que l'existence des corps simples est respectée dans le phénomène chimique de la vie ; par conséquent, pour qu'un corps extérieur puisse servir d'aliment à un être vivant, il faudra d'abord qu'il contienne les atomes constitutifs de cet être vivant. On ne pourra pas nourrir, avec du soufre et de l'or, une cellule formée de carbone, d'hydrogène, d'azote, etc... Si une amibe se trouve collée à la paroi interne d'un vase de verre contenant du bouillon, elle pourra se développer du côté du bouillon, mais la surface du verre fermera pour cette amibe toute une partie de l'espace, parce que les silicates composant le verre ne sont pas un aliment possible du protozoaire considéré.

La définition absolue à laquelle nous nous sommes arrêtés en commençant ne saurait donc correspondre à une réalité ; nous ne pouvons pas définir la vie *dans* le corps vivant envisagé seul ; il faut, de toute nécessité, que nous tenions compte, dans notre définition, à la fois de l'être vivant et des corps qui l'entourent. La vie est une réaction entre le corps vivant et les éléments de son ambiance. Il faut *deux facteurs* pour définir la vie de l'être le plus simple qui soit. Et nous voilà dans l'impossibilité de rêver une vie absolument conquérante qui, localisée d'abord dans un petit volume, gagnerait, petit à petit, tout l'univers, sous forme d'une sphère infiniment croissante dont le développement ignorerait les obstacles, les contingences. La vie ne peut conquérir un espace que si cet espace est occupé préalablement par des substances matérielles pouvant servir d'aliments au corps vivant siège de la vie.

Dans *La lutte universelle*, j'ai proposé un langage imagé qui empêche d'oublier cette circonstance ; le phénomène vital le plus simple est une lutte pour l'espace entre le corps vivant et les corps ambiants qui, en vertu de l'impénétrabilité, ne peuvent occuper la même place dans le monde. Si le corps ambiant est alimentaire, il peut être vaincu dans la lutte ; une pièce d'or ne le serait pas.

Même dans le cas le plus simple, même quand l'assimilation pure est possible, par exemple, dans un bouillon nutritif auquel un microbe est parfaitement habitué, nous rencontrons donc déjà l'influence du milieu, puisqu'une paroi de verre suffit à défendre toute une région de l'espace contre l'envahissement par la vie; ici l'influence du milieu se borne à une simple distribution topographique; dans d'autres cas, elle sera bien plus importante.

Quand nous supposions, en effet, que l'assimilation était parfaite, il résultait de notre supposition même que la nature des aliments fournis au corps vivant n'influençait aucunement la nature chimique de ce corps vivant; assimiler, au sens absolu, cela veut dire transformer en substance identique à la sienne, et, par conséquent, dans le cas de l'assimilation parfaite, la nature des aliments ne laisse pas de trace dans l'être qui s'en nourrit. Tout au plus pouvons-nous alors trouver un souvenir de l'aliment employé dans les excréments fabriqués par la vie, dans ce que j'ai appelé les substances accessoires à l'assimilation. L'équation de la vie élémentaire manifestée est, en effet, dans le cas d'une assimilation parfaite :

$$a + Q = \lambda a + R,$$

équation dans laquelle a représente la substance vivante de l'être au commencement de la réaction étudiée, Q les aliments utilisés dans la réaction, et R les excréments résultant de l'assimilation. On voit que la substance vivante a est simplement multipliée par un coefficient quantitatif λ, mais que sa nature chimique n'est aucunement fonction de Q. En dehors du terme R, il n'y a donc aucun souvenir de la nature de l'aliment utilisé, dans le cas de la condition n° 1[1].

Mais, je ne saurais trop insister sur ce fait, l'assimilation parfaite ou condition n° 1 est un phénomène extrêmement rare dans la nature ; il est généralement plus ou moins masqué par d'autres phénomènes surajoutés ; cela n'empêche pas qu'il soit avantageux de considérer l'assimilation parfaite comme la définition de la vie ; seulement nous constatons immédiatement que la vie, ainsi définie, n'existe que très rarement dans la nature *à l'état de pureté*.

Lorsqu'on a découvert, en physique, une loi approchée d'un phénomène, on énonce cette loi comme si elle était vraie, quitte à faire, dans chaque cas, les corrections nécessitées par les phénomènes surajoutés qui masquent la loi. C'est le cas, par exemple, pour la loi de Mariotte, qui n'est *jamais* absolument vraie pour un gaz réel, et que l'on énonce cependant comme caractéristique de l'état gazeux. Ce qui a permis de découvrir cette loi approchée, c'est que, chez beaucoup de gaz, les corrections à faire à la loi sont, dans certaines limites de pression, extrêmement petites par rapport aux quantités définies par la loi.

J'ai eu d'abord l'idée de suivre la méthode analytique employée par les physiciens. Dans ma

---

1. Condition n° 1. V. *Théorie nouvelle de la vie*. Paris, librairie Félix Alcan, 1896.

Théorie de la vie, après avoir adopté comme fondamentale la loi d'assimilation pure et simple, j'ai étudié, séparément, les phénomènes chimiques destructifs qui, se superposant en général à cette assimilation, en masquent plus ou moins la précision. J'ai donné le nom de *condition n° 2*[1] à l'ensemble des circonstances qui produisent une destruction de la matière vivante, et j'ai considéré le phénomène réel de la vie d'un être quelconque comme résultant de la coexistence d'un phénomène d'assimilation pure et de quelques phénomènes de destruction superposés au premier et dépendant des conditions de milieu. Ce qui a facilité pour moi ce travail analytique, c'est que les expériences de laboratoire fournissent beaucoup d'exemples de condition n° 2 réalisée à l'état de pureté. Je ne parlais donc pas d'une chose hypothétique, mais bien des phénomènes connus, et, m'engageant résolument dans cette voie, je montrai qu'il est possible de rapporter à la condition n° 1 les éléments histologiques de l'homme quand ils sont à l'état de fonctionnement, mais que ces éléments histologiques se trouvent au contraire à la condition n° 2 quand ils sont au repos. C'est même sous cette forme que j'énonçai pour la première fois la loi *d'assimilation fonctionnelle* qui devait se montrer infiniment plus féconde sous la forme synthétique à laquelle je vais arriver maintenant. Je n'ai été conduit que petit à petit à cette

1. *Op. cit.*

forme synthétique exprimée pour la première fois dans mes « Éléments de philosophie biologique » ; j'y ai été conduit surtout par les difficultés de la définition *analytique* des périodes de fonctionnement partiel et de repos partiel chez un organisme, et par les critiques qui ont résulté de ces difficultés.

La considération des phénomènes de destruction à la condition n° 2 introduisait l'influence du milieu dans l'étude de la vie d'un corps vivant, puisque chacun de ces phénomènes de destruction est le résultat d'une réaction chimique entre le corps vivant et certains éléments du milieu. Au lieu de séparer analytiquement les réactions destructives et l'assimilation constructive, j'eus enfin l'idée d'étudier en bloc le résultat du phénomène d'ensemble réalisé chez l'être vivant aux prises avec le milieu, et cela me conduisit à la formule synthétique de l'assimilation fonctionnelle, grâce à laquelle je puis répondre aujourd'hui aux objections de M. Lalande, et empêcher qu'on soit tenté désormais de séparer βίος de ζωή.

*
* *

Voici d'abord les définitions qui président à l'adoption de ce langage nouveau :

A un moment précis de l'histoire du monde, j'appelle A le contenu d'un corps vivant donné limité par un contour qui le sépare du milieu extérieur B. Au moment précis considéré, et pendant un intervalle de temps très court à partir de ce moment précis, les relations entre A et B peuvent être représentées par la formule symbolique (A × B) (J'aurais voulu employer pour ce symbole un autre signe que celui de la multiplication algébrique ; j'ai renoncé, à cause du travail de l'impression, à créer un signe nouveau).

A ce moment précis (ou, si vous voulez, pendant l'intervalle de temps très court qui le suit), *il se passe quelque chose dans* A. L'activité en question comprend de l'assimilation proprement dite et des destructions superposées ; je n'entre pas dans ces détails. Me conformant au langage courant, j'introduis la notions nouvelle de *fonctionnement*. On dit que, au moment considéré, A a fonctionné, et ce verbe représente l'activité *totale* localisée à ce moment dans le contour qui limite A.

On dit aussi que A *a vécu,* mais alors, si l'on prend le mot *vivre* dans le sens de fonctionner, on ne peut plus donner au vocable *vie* une signification unique ; il y a autant de vies que d'êtres vivants envisagés à chaque instant de leur existence ; il vaut mieux réserver le mot vie à ce qu'il y a de commun à tous ces fonctionnements ; c'est précisément l'*assimilation fonctionnelle.*

Ainsi, le corps A, décrit avec la plus grande minutie au moment choisi pour l'observation, ne contient pas *en lui-même* la définition de son activité présente. Cette activité, ce fonctionnement, on ne peut les définir qu'en faisant intervenir, en même temps que A, le milieu ambiant B et les relations actuelles établies entre A et B. La formule (A $\times$ B) qui symbolise le fonctionnement de A, représente en même temps, si j'ose m'exprimer ainsi, l'orientation des diverses parties du corps A pour l'exécution de la fonction du moment. Le langage courant nous fournit un mot commode ; si l'ensemble de l'activité de A, au moment considéré, s'appelle la *fonction* actuelle de A, le corps A, orienté dans sa structure actuelle de manière à accomplir cette fonction, peut être appelé l'*organe* de cette fonction. Cet organe est défini, comme la fonction correspondante, par la formule symbolique (A $\times$ B) ; de sorte que cette formule représente, soit l'ensemble de l'activité dont A est le siège au moment considéré, soit le *mécanisme* actuel que constitue le corps A à ce moment. *Fonction* et *organe* ont la même définition ; on s'arrête seulement pour définir la fonction au point de vue *résultat*, tandis que, pour définir l'organe, on s'arrête au point de vue mécanisme ou *structure*.

Ceci posé, voici la loi d'assimilation fonctionnelle dans la forme synthétique qui résulte des définitions précédentes, et de l'observation des faits naturels dans les cas où ces faits sont le plus faciles à interpréter :

C'est *en tant qu'organe* de la fonction (A $\times$ B) que le corps A assimile au moment où le milieu B définit la fonction (A $\times$ B). Cette formule comprend tout ce qu'il y a d'objectif dans la vie, aussi bien ce que les Grecs appelaient βίος, que ce qu'ils appelaient ζωή ; c'est ce que je vais montrer maintenant.

* *

Du moment que le milieu B est intervenu dans la définition de la fonction $(A \times B)$, nous pouvons affirmer, sans rien connaître de particulier au sujet du phénomène vital, que le résultat de cette fonction porte la trace de B. Si nous étudions le résultat de cette fonction, non pas dans le milieu, où elle a aussi introduit des changements, mais dans le corps vivant lui-même, nous avons le droit de dire qu'après le fonctionnement le corps vivant, devenu A_1, diffère de A par les modifications que ce fonctionnement a introduites dans A. C'est ce que je représente par la formule symbolique :

$$A + (A \times B) = A_1.$$

Cette formule serait vraie pour un corps A quelconque, même non vivant, qui deviendrait A_1, en réagissant avec un autre corps B. Chez les êtres vivants, elle s'applique immédiatement à la narration du célèbre phénomène de Bordet :

Je ne puis faire varier tout B ; je laisse donc B aussi semblable que possible à lui-même, et j'introduis seulement un facteur nouveau ; c'est à ce facteur nouveau que sera due la modification produite s'il y en a une. Dans l'expérience classique de Bordet, le facteur nouveau est, par exemple, du lait de vache que l'on injecte dans un péritoine de mammifère. Si le mammifère survit à l'injection, il *paraît* être resté semblable à lui-même ; en réalité, il est devenu différent à un certain point de vue. Ayant survécu, il a assimilé le lait de vache, mais il ne l'a pas assimilé d'une manière absolue. Il a assimilé *en tant qu'organe de la lutte contre le lait de vache*, et en effet, le lait de vache a laissé sa trace en lui ; trace très précise, puisque le sérum de ce mammifère donne ensuite un précipité avec le lait de vache *et avec le lait de vache seulement*, alors que le sérum d'un mammifère neuf[1] de la même espèce ne donne aucun précipité avec aucun lait. Ce phénomène de Bordet peut être considéré comme le phénomène biologique par excellence ; je montrerai, tout à l'heure, qu'on peut lui ramener tous les autres.

En assimilant du lait de vache injecté dans son péritoine, le mammifère a conservé la trace, le *souvenir*[2] de sa lutte contre le lait de vache ; je puis encore raconter l'histoire de ce phénomène en disant, ce qui nous sera utile pour la généralisation des faits, que le mammifère a acquis l'*expérience* du lait de vache.

Avant d'aller plus loin, je fais remarquer que, malgré mon désir de synthèse, j'ai fait de l'analyse dans les lignes précédentes, puisque j'ai isolé de

---

1. On appelle « neuf » un animal qui n'a pas encore été soumis à une expérience de laboratoire.
2. Je prends ici ce mot dans un sens objectif qui se conçoit sans peine ; je l'emploie intentionnellement parce que les souvenirs proprement dits se présenteront à nous d'une manière analogue un peu plus tard.

l'ensemble B des facteurs du milieu, un facteur partiel, le lait de vache. Tous les autres facteurs restant les mêmes au cours de mon expérience ; j'ai ainsi le moyen d'étudier l'effet du seul facteur qui ait changé ; je constate donc, dans mon expérience, un *fonctionnement partiel,* mais cela veut dire seulement que mon attention est attirée sur une partie spéciale du fonctionnement total de l'organisme ; cela ne signifie pas que j'étudie le fonctionnement d'une partie de l'organisme artificiellement séparée, au mépris de toute légitimité, du reste de l'animal vivant. Les physiologistes ont la dangereuse habitude de définir, dans les individus, des *organes partiels* de fonctions partielles ; à mon avis, il n'est aucune fonction dont l'organe puisse être *localisé* en une région restreinte de l'organisme ; l'organisme tout entier est, à chaque instant, l'organe de la fonction totale, de l'activité d'ensemble qui se produit à ce moment en lui ; je ne songerai donc jamais à parler d'organe partiel[1] ; mon analyse verbale se borne à séparer, dans la narration d'ensemble du fonctionnement d'ensemble, la partie de ce fonctionnement qui est en rapport avec un facteur particulier choisi expéri-

---

[1]. Bien entendu, je suppose qu'il s'agit d'un individu proprement dit, de ce que j'ai appelé un *individu mécanisme* dans le chapitre précédent. Dans un homme, par exemple, qui est, à n'en pas douter, un individu proprement dit à de multiples points de vue, il peut se produire tel phénomène pathologique dans lequel l'individu soit de dimension cellulaire. Alors, l'homme est une colonie, un champ de bataille, et ce que je dis ici se rapporte au véritable individu, qui est la cellule.

mentalement par moi au milieu de tous les autres facteurs du milieu. Cette remarque faite, je reviens à mon sujet.

Nous avons vu que le mammifère, ayant digéré du lait de vache injecté dans son péritoine, a conservé la trace, le souvenir de cette lutte, a acquis l'expérience du lait de vache. De quelle nature est cette expérience acquise? Dans l'exemple du lait de vache, il serait difficile de le préciser, parce que le lait de vache, injecté à une dose assez restreinte, est inoffensif pour le mammifère qui le reçoit; mais des expériences analogues ont été faites par injection, dans le corps de certains animaux, de colloïdes, vivants ou non vivants (microbes ou toxines), nuisibles, pathogènes pour ces animaux. Sauf des cas particuliers que l'on appelle cas d'*anaphylaxie* et qui, je l'ai montré ailleurs[1], ne constituent qu'une exception apparente à la loi générale, le résultat de la maladie causée par l'injection d'un colloïde pathogène est, pour l'animal qui a subi cette injection, une *immunité* plus ou moins complète contre une nouvelle injection du même produit. Ainsi donc, l'*expérience* acquise par la lutte contre un ennemi donné est un aguerrissement en vue d'une nouvelle lutte contre un ennemi *de même nature*. L'animal, attaqué par un ennemi et ayant résisté à cet ennemi, s'est habitué à résister plus aisément à un ennemi semblable.

C'est dans cet ordre de recherches patholo-

---

1. V. *La stabilité de la vie*, §§ 45 et 46. Librairie Félix Alcan.

giques que la loi générale d'assimilation fonctionnelle trouve sa plus éclatante vérification. Je considère par exemple les chevaux que l'on prépare à l'Institut Pasteur de manière à en faire des producteurs de sérum antidiphtérique. L'un quelconque de ces animaux, recevant une injection de toxine diphtérique, fonctionne en tant qu'organe de la lutte contre la toxine diphtérique ; c'est donc en tant qu'organe de cette lutte spécifique qu'il assimile pendant la durée de la lutte ; cette lutte a d'abord pour effet de *définir* l'organe correspondant, mais, si elle dure assez longtemps, elle *crée* petit à petit, par assimilation fonctionnelle, l'organe ainsi défini. La fonction et l'organe ont primitivement, nous l'avons vu, la même définition ; on peut donc dire que la fonction définit l'organe. Si les conditions font durer le fonctionnement, la fonction crée l'organe. Et en effet, le cheval ayant digéré lentement la toxine diphtérique est devenue, au bout de ce temps, l'organe de la digestion de cette toxine. Il digère cette toxine en produisant dans son milieu intérieur une modification spéciale, ce qu'on appelle *sécrétion* d'une diastase ou antitoxine ; mais, une fois la digestion terminée, il continue à sécréter longtemps la même antitoxine, et c'est pour cela que son sérum permet de sauver, par sérothérapie, les enfants attaqués par la toxine mortelle.

L'animal a donc conservé dans sa structure la trace, le souvenir, l'expérience de la lutte dont il est sorti victorieux, et, par conséquent, sa victoire n'a pas été absolue. Une assimilation absolue aurait triomphé de l'ennemi sans en laisser de trace; ici il y a, au contraire, défaite partielle; l'animal attaqué a continué de vivre, et c'est là qu'est sa victoire, mais il n'est pas resté *identique* à lui-même, et c'est là qu'est sa défaite. En réalité, la défaite est minime; l'animal a peu changé; un mouton qui a guéri du charbon ressemble tellement à un mouton ordinaire que nous ne savons pas reconnaître la modification qu'il a subie, à moins d'employer comme réactif une nouvelle injection de virus charbonneux grâce à laquelle nous vérifions son immunité.

Toutes ces considérations paraissent bien éloignées de l'objet de notre étude actuelle; on peut se demander comment l'observation des réactions pathologiques peut nous conduire à établir un rapport entre βίος et ζωή. Nous sommes cependant bien près du port, et nous allons y arriver dans un instant.

.

Quoi qu'en puissent penser les partisans de la fantastique théorie d'Ehrlich, qui place dans chaque cellule de l'animal un chimiste de génie, les toxines et les colloïdes en général doivent leur activité spécifique, non pas à leur structure atomique ou chimique, mais bien à un état physique de dimension particulière, et que l'on peut appeler le *rythme*[1]

---

1. V. *De l'Homme à la Science.* Paris, Flammarion, 1908.

du colloïde ou de la toxine. Dans le protoplasma vivant, les activités chimiques sont si intimement liées aux activités physiques par des relations de réciprocité, qu'il est difficile de les séparer les unes des autres. Une série de déductions, partant à la fois d'un grand nombre de faits biologiques différents, m'a conduit à comprendre que malgré le substratum chimique inséparable des toxines, la digestion de ces toxines par le protoplasma est un phénomène physique et non chimique. J'ai été amené à considérer le protoplasma vivant comme un orchestre, et à envisager sa lutte avec une toxine comme résultant d'une *dissonance* entre l'être vivant et son ennemi colloïde. La résistance du protoplasma à la toxine revient à la production d'un rythme nouveau qui désarme en l'annihilant le rythme agressif de la toxine. Et cette manière de voir fait comprendre que le sérum porteur de ce rythme défensif ait, par rapport à la toxine ennemie, une spécificité rigoureuse, mais non exclusive[1]. Par exemple le sérum préparé contre le tétanos est capable de désarmer le venin des serpents, parce que le venin des serpents a le même rythme nocif que la toxine tétanique.

Je rappelle la nature physique de l'acte digestif pour pouvoir passer du cas où le facteur choisi dans le milieu était un corps colloïde transportable, au cas où ce facteur sera un phénomène physique

---

1. V. *Introduction à la Pathologie générale*. Paris, librairie Félix Alcan, 1905.

qui n'emporte pas son substratum avec lui. La
généralisation que je veux faire ici de l'expérience
de Bordet pourrait en effet, sans cette précaution,
paraître inacceptable à bien des lecteurs. Nous
sommes trop habitués à faire immédiatement une
distinction profonde entre un *corps* comme le lait,
et un *phénomène physique,* comme la lumière ou le
son, pour ne pas être tentés d'établir entre ces
deux catégories d'objets une ligne infranchissable
de démarcation ; les uns sont *transportables* avec
toutes leurs propriétés, les autres se propagent à
travers des corps divers qui, envisagés seuls, ne
peuvent transporter avec eux le phénomène dont
ils sont le siège momentané. Un corps éclairé par
un rayon de lumière bleue ne reste pas bleu si on
le transporte hors du rayon, tandis que de la
toxine tétanique, établie dans un bouillon, se
transporte avec le bouillon. Cependant, si la
lumière bleue et la toxine tétanique agissent par
leur rythme sur un protoplasma vivant, nous
pourrons raconter de la même manière l'activité par
laquelle le protoplasma résiste à l'attaque de ces
deux facteurs si différents en apparence.

Il y a d'ailleurs des corps qui agissent sur les
protoplasmas, non à l'échelle particulaire comme
les colloïdes, mais directement à l'échelle atomique ; ce sont les poisons chimiques ; la réaction
des corps vivants à leur attaque est également de
dimension chimique ; or tout le monde sait qu'il
n'y a pas fabrication de sérum spécifique contre
les alcaloïdes. Mais entre les colloïdes comme le

lait, comme les toxines, comme les microbes, et les phénomènes physiques rythmés comme le son et la lumière, la différence est insignifiante au point de vue de leur action sur les protoplasmas, puisque cette action est, dans tous les cas, d'ordre physique.

Donc, puisque la narration du phénomène de Bordet nous a paru d'une généralité absolue, toutes les fois qu'il s'est agi d'un colloïde à l'attaque duquel résistait le corps vivant étudié, nous pouvons, provisoirement au moins, et sous bénéfice d'inventaire, appliquer la même narration à tous les agents naturels qui interviennent dans la vie d'un individu. Cela revient à affirmer, contrairement à ce que disait M. Lalande dans le passage cité en tête de cet article, que l'assimilation fonctionnelle rend compte de *tout* ce que fait un être vivant, aussi bien s'il s'agit des phénomènes catalogués sous la dénomination de βίος, que s'il s'agit des activités composant la vie végétative ou ζωή. Une telle affirmation doit être étayée de raisonnements sérieux ; nous allons nous y arrêter maintenant.

∗
∗ ∗

A un moment donné de sa vie individuelle, un corps vivant A se trouve plongé dans un milieu B. Ce milieu B comprend tout ce qui, au monde, n'est pas A ; la plupart des corps du milieu ainsi défini n'interviennent en aucune façon dans l'histoire de A ; seuls compteront pour nous les corps et les phénomènes qui se trouveront dans ce qu'on peut appeler la sphère d'influence ou d'activité du corps A. Les corps colloïdes comme les toxines n'agiront sur A que par contact immédiat [1], parce que leur rythme spécifique ne se transporte pas en dehors d'eux par l'air ou l'éther; mais d'autres corps pourront agir à distance par leur rayonnement lumineux ou sonore [2]. Au moment précis considéré le fonctionnement de A, ce qu'on appelle sa vie dans le langage courant, sera déterminé par la structure de A et par tous les agents tant colloïdes que physiques qui, du milieu ambiant, *agissent* sur lui à ce moment. Je représente par B' cet ensemble complet. Le fonctionnement correspondant sera représenté par la formule $(A \times B')$ laquelle est équivalente à $(A \times B)$, puisque B' comprend tous les facteurs de B qui agissent effectivement sur A. J'applique à l'ensemble B' la loi d'assimilation fonctionnelle; le corps A fonctionnera, au moment considéré, en tant qu'organe de la fonction $(A \times B')$. Si les facteurs B' restent assez longtemps semblables à eux-mêmes, l'assimilation que subira l'être vivant en tant qu'organe de cette fonction en fera l'organe créé par cette fonction suivant la loi de Lamarck.

J'ai, tout à l'heure, en racontant les expériences de Bordet, séparé de l'ensemble B' un colloïde

1. Il faudra même qu'il y ait pénétration si l'animal a une peau.
2. Les cellules vivant dans un milieu liquide peuvent agir aussi à distance dans ce liquide en y introduisant une répercussion de leur rythme, ce qu'on appelle une diastase.

expérimentalement choisi. Je pourrais faire maintenant la même chose, non plus pour un facteur qui soit un corps défini et transportable, mais pour un *phénomène* physique faisant partie de B'. Sauf les actions violentes causées par les chocs brusques et qui déterminent généralement des accidents purement destructeurs des substances vivantes, les seuls phénomènes vraiment physiques qui peuvent agir sur les substances vivantes sont des mouvements vibratoires, calorifiques, lumineux, sonores, etc. Or un rythme qui se transmet conquiert le milieu à moins qu'il ne soit conquis par lui; il y a lutte entre les radiations et l'être vivant comme entre l'être vivant et les colloïdes. Il faut que l'être vivant assimile ou soit assimilé. Quand il continue de vivre, quand il ne meurt pas de l'action de l'agent physique considéré, il est victorieux dans la lutte, mais, ici encore, ce n'est pas une assimilation absolue, c'est une *assimilation fonctionnelle*, c'est-à-dire que l'organisme, tout en assimilant la radiation qui le frappe, subit de la part de cette radiation une certaine transformation. Il triomphe, mais incomplètement, et le souvenir, la trace de la radiation assimilée restent gravés en lui. Un organisme qui serait doué de vie au sens absolu du mot imposerait son état personnel, *sans subir lui-même aucune modification*, à une portion croissante du milieu. Un organisme réel, doué de la vie réelle, ne conquiert le milieu qu'en se pliant à ses exigences, en s'adaptant à ses divers facteurs.

J'étudierai plus complètement, tout à l'heure, les phénomènes d'*imitation* auxquels donne lieu chez les êtres vivants la pénétration en eux des radiations extérieures, phénomènes que j'ai résumés ailleurs[1] dans cette formule : « l'imitation est la revanche du milieu sur le vivant ». Je m'en tiens pour le moment à une première approximation qui nous suffira pour comprendre le rôle du milieu dans l'évolution tant individuelle que spécifique. Un être doué de vie absolue n'aurait pas d'histoire, puisque sa structure actuelle se conserverait indéfiniment dans son corps grossi ; un être doué de vie réelle a une histoire que l'on appelle son éducation. Les formules symboliques de tout à l'heure nous permettent de parler de cette éducation d'une manière très synthétique.

*
* *

L'état d'un corps vivant étant représenté par A_1 à un moment donné, et le milieu actuel par B_1, le fonctionnement correspondant est donné par la formule symbolique $(A_1 \times B_1)$. De ce fonctionnement le corps vivant sort transformé en A_2. Le corps A_2 rencontre des circonstances nouvelles dans le milieu, lui-même modifié, et qui est devenu B_2 ; d'où nouveau fonctionnement représenté par le symbole $(A_2 \times B_2)$; le corps devient A_3 par suite de ce nouveau fonctionnement et ainsi de suite.

[1]. V. *De l'Homme à la Science*, op. cit. et *Science et Conscience*.

J'ai proposé[1] de représenter cette histoire individuelle par la série des formules symboliques :

$$A_1 + (A_1 \times B_1) = A_2 ;$$
$$A_2 + (A_2 \times B_2) = A_3 ;$$
$$\cdots \cdots \cdots \cdots$$
$$A_{n-1} + (A_{n-1} \times B_{n-1}) = A_n.$$

La forme A_n provient donc de A_1 par l'intermédiaire des formes A_2, A_3,... etc., qui résultent elles-mêmes des fonctionnements occasionnés par les milieux B_1, B_2... B_{n-1}. La série de ces fonctionnements successifs est l'histoire de l'individu A; elle est dirigée, d'une part, par la structure de l'être initial A_1, que nous appelons, au sens large, hérédité, et d'autre part, par la série des milieux rencontrés successivement, B_1, B_2,... B_{n-1}. Ce second facteur de l'évolution, cette série des circonstances ambiantes, c'est l'*éducation*, au sens large, de l'individu considéré. Tous les fonctionnements successifs ont donc laissé des traces plus ou moins durables dans l'individu; et, par l'intermédiaire de ces fonctionnements, les événements du milieu, B_1, B_2,... B_n, ont, eux aussi, laissé leur souvenir dans la structure même de l'être vivant. Si l'un de ces fonctionnements a été prolongé longtemps sous l'influence d'un phénomène extérieur de longue durée, le résultat aura été, dans l'organisme, la création durable d'un organe correspondant. On

---

1. V. *Éléments de philosophie biologique.* Librairie Félix Alcan.

ne peut donc pas dire que l'hérédité détermine tout ; on ne peut pas dire en toute rigueur que A_n est fils de A_1 ; il faut corriger cette formule en disant : A_n dérive de A_1 *et du milieu* qu'il a traversé depuis qu'il avait la forme A_1. On donne à proprement parler le nom d'*expérience acquise* à l'ensemble des caractères gravés dans la structure de l'être A par l'influence des phénomènes du milieu. Aucun de nous ne peut vieillir sans acquérir de l'expérience, ce qui n'aurait pas lieu, je le répète, si nous étions doués de vie absolue.

L'expérience acquise est gravée dans notre structure actuelle ; or, au moment présent, nous agissons en vertu de notre structure actuelle et des relations établies entre nous et l'ambiance. Nous avons donc le droit de dire, en toute rigueur, que, par l'intermédiaire de notre structure, les événements passés auxquels nous avons été mêlés jouent un rôle dans nos déterminations de chaque jour ; du moins cela est-il vrai pour les événements passés qui se sont prolongés assez longtemps dans notre ambiance et ont laissé dans notre structure une trace durable. Or, dans nos activités tant passées que présentes, qu'y a-t-il eu sinon, à chaque instant, assimilation fonctionnelle ? L'assimilation fonctionnelle résume toute notre activité présente et prépare les structures qui interviendront dans les assimilations fonctionnelles futures. Depuis l'œuf jusqu'à la mort, tout ce qui se passe dans l'homme est assimilation fonctionnelle. L'homme est le produit de son hérédité et de son éducation, mais, à chaque instant, l'assimilation fonctionnelle représente précisément le résultat de la coïncidence établie à ce moment entre sa structure actuelle (hérédité au sens large) et le facteur B actuel (éducation au sens large).

Les particularités de structure résultant des fonctionnements passés jouent un rôle dans les déterminations présentes; ces déterminations présentes, quand l'homme continue à vivre, sont favorables à sa conservation ; c'est ce que l'on exprime en disant que l'homme est intelligent, et, en effet, l'intelligence a été définie par Romanes « la faculté qu'a l'individu de tirer parti de son expérience ». En ce sens, tout être vivant est intelligent ; je n'ai jamais pu, pour ma part, séparer l'idée d'intelligence de l'idée de vie ; une racine d'arbre qui se dirige vers un corps nutritif ayant déjà été utile à son espèce agit intelligemment ; elle agit intelligemment quand elle s'écarte d'une substance nuisible ; et cependant il n'y a là que des phénomènes physiques appelés *tropismes* ; mais ces tropismes résultent d'une particularité inscrite dans la structure actuelle par l'expérience passée, ils répondent donc à la définition de Romanes.

Malgré l'influence indéniable de l'éducation individuelle sur le développement de chaque être vivant, on ne peut oublier que l'hérédité de l'œuf joue un rôle directeur bien plus considérable sur l'évolution embryologique ; les variations appor tées à chaque instant par les circonstances ambiantes sont toujours faibles, sous peine de mort ; les limites entre lesquelles peut varier un être doué d'une hérédité donnée et qui continue de vivre ne sont jamais bien écartées l'une de l'autre. L'éducation brode une série de petits dessins sur le canevas tracé par l'hérédité, mais à la longue, l'ensemble de tous ces petits dessins dont chacun joue un rôle dans la fabrication des petits dessins ultérieurs finit par créer des divergences assez appréciables entre deux hommes de même hérédité, comme deux jumeaux. Dans assimilation fonctionnelle, il y a *assimilation,* nous ne devons pas l'oublier, et cela veut dire que l'hérédité joue dans toute l'évolution individuelle un rôle de premier ordre ; c'est pour cela qu'un être qui sort d'un œuf de poule ne devient jamais un canard ; un enfant peut apprendre le chinois, devenir boiteux ou manchot, mais il reste toujours de l'espèce humaine. L'hérédité de l'œuf joue un rôle primordial dans l'histoire de l'individu qui en sort.

Mais qu'est-ce que l'hérédité de l'œuf ?

L'œuf est l'aboutissant d'une lignée prodigieusement longue dans laquelle tous les phénomènes se sont passés, depuis le début, suivant la loi d'assimilation fonctionnelle. L'hérédité de l'œuf contient le résultat de l'expérience ancestrale ou du moins *d'une partie* de l'expérience ancestrale. Une lignée en effet n'est pas un individu, mais une succession d'individus. Or l'expérience individuelle laisse sa trace dans la structure de l'individu, trace plus ou moins durable qui se conserve quelquefois jusqu'à la mort, mais qui, résultant des circonstances de l'éducation, n'était pas prévue dans l'hérédité de l'individu considéré. Si donc les individus transmettaient exactement à leurs descendants, comme on l'a cru longtemps, l'hérédité rigoureuse qu'ils ont reçue de leurs parents, les espèces n'évolueraient pas ; l'expérience ancestrale ne jouerait aucun rôle, sauf par le moyen de la tradition, dans la vie des jeunes générations ; un poussin qui sort de l'œuf, armé de pied en cap pour l'existence, ne pourrait descendre que d'individus qui sont sortis de l'œuf à l'état de poussin.

Le transformisme a rendu insoutenable cette manière de voir. Quelques-unes des particularités de structure acquises par l'individu au cours de son expérience individuelle, peuvent peu à peu, si elles sont acquises de la même manière pendant plusieurs générations, influencer le patrimoine héréditaire de la lignée au point de devenir ce qu'on appelle des *caractères transmissibles*; c'est-à-dire que le patrimoine héréditaire portera une trace de ces particularités structurales, et, par une réciprocité admirable, dirigera ensuite, chez les générations ultérieures, la formation de ces mécanismes structuraux, en dehors même des conditions qui avaient présidé à leur apparition. J'ai longuement étudié dans de nombreux ouvrages[1]

---

1. V. en particulier *Le Chaos et l'Harmonie universelle*. Librairie Félix Alcan, 1911.

cette question fondamentale de l'hérédité des caractères acquis. Grâce à elle, on comprend que certains acquêts de l'expérience ancestrale puissent se transmettre à la lignée par pure hérédité. Et par conséquent, cette hérédité même qui, aujourd'hui, lutte en chacun de nous contre les hasards de l'éducation, cette hérédité conservatrice, que l'assimilation respecte, porte en elle-même la trace des éducations passées. Parmi les mécanismes qui se transmettent héréditairement quoique ayant été acquis par l'éducation, il faut signaler ce qu'on appelle les *instincts* et surtout, le plus important de tous et qui les synthétise tous, la *logique*, résumé de l'expérience ancestrale.

La *logique* ne comprend pas *toute* l'expérience ancestrale. Des ancêtres à moi ont su des choses que je ne sais pas, mais je recueille par hérédité le fruit des expériences assez prolongées dans ma lignée pour n'avoir pas disparu avec les individus et s'être inscrites dans le patrimoine héréditaire qui m'a été transmis. Le fait que la logique est inscrite dans l'œuf suffirait à empêcher de s'étonner que l'assimilation fonctionnelle explique les phénomènes de βίος aussi bien que les phénomènes de ζωή. Mais il ne faut pas oublier que la logique est *spécifique* comme l'hérédité. Il n'y a pas d'être sans logique, puisqu'il n'y a pas d'être sans expérience ancestrale ; et quand nous divisons la vie humaine en vie intellectuelle et vie végétative, nous nous laissons aller à cette vieille erreur, conservée encore par les néo-Darwiniens, et qui veut que l'homme soit composé de parties disparates juxtaposées. Il ne faut pas croire qu'il y a en nous des parties analogues à celles des végétaux et auxquelles sont superposées des facultés supérieures. L'homme est homme dans son foie et dans son rein aussi bien que dans son cerveau et dans ses mains ; et les végétaux ont leur logique comme nous et s'en servent comme nous, ce qui nous force à dire qu'ils sont intelligents.

Une lignée peut être considérée comme un être unique, qui aurait acquis de l'expérience pendant une vie mille fois centenaire, mais qui aurait oublié, de cette expérience, tout ce qui n'aurait pas correspondu à des fonctionnements assez prolongés ; chaque génération dans cette lignée amènerait d'une part, l'oubli de tous les faits d'expérience individuelle qui ne se sont pas fixés dans le patrimoine héréditaire, d'autre part, la récupération d'une jeunesse nouvelle, d'une nouvelle plasticité autorisant l'acquisition d'une nouvelle somme d'expérience. Mais dans cette longue histoire, tout est assimilation fonctionnelle et uniquement assimilation fonctionnelle.

L'expérience ancestrale ne se transmet pas seulement par hérédité, au moins chez les espèces sociales ou chez les espèces dont les jeunes sont élevés par leurs parents. Certaines particularités de cette expérience se transmettent par *tradition* lorsqu'elles ne sont pas susceptibles de se fixer dans le patrimoine héréditaire. On donne le nom d'*éducation au sens étroit,* ou d'éducation familiale, à la transmission aux enfants, après leur naissance, de l'expérience acquise par les parents. Allons-nous trouver dans ces phénomènes d'éducation au sens étroit quelque chose qui ne soit pas justiciable de la loi d'assimilation fonctionnelle ? En aucune façon ; l'éducation familiale se fait par *imitation,* et l'imitation est précisément un des faits les plus saillants du rôle du milieu dans la direction des actes des individus ; c'est ce que j'ai exprimé ailleurs en disant : L'imitation est la revanche du milieu sur le vivant. Elle est en effet un phénomène par lequel le milieu impose au vivant, sinon sa forme même, du moins un reflet de sa forme ; elle est donc l'un des antagonistes les plus parfaits de l'assimilation absolue, mais elle entre dans le cadre de l'assimilation fonctionnelle.

**

Les êtres vivants imitent des sons, des formes, des mouvements ; nous verrons qu'ils imitent aussi des rythmes colloïdes, et que le phénomène de Bordet entre dans le cadre des phénomènes d'imitation ; arrêtons-nous d'abord à l'imitation qui se fait par l'intermédiaire des vibrations sonores ou lumineuses.

Un corps sonore, vibrant dans un milieu élastique, assimile physiquement ce milieu, qu'il met à l'unisson avec lui-même, de telle manière qu'un phonographe, placé dans ce milieu élastique, dessine sur son cylindre enregistreur une courbe sinueuse qui est la traduction fidèle de la phrase sonore exécutée par le corps vibrant.

De même, un corps éclairé par de la lumière bleue par exemple, assimile physiquement le milieu, puisque sa couleur bleue peut être perçue en un point de ce milieu, même fort loin du corps éclairé. En outre, la forme de ce corps est également reproduite dans l'espace par des vibrations lumineuses, puisqu'un appareil photographique, placé en un point quelconque du milieu, nous fournit une image du corps en question, observé du point où est placé l'appareil photographique. Ainsi, le milieu où nous vivons est rempli d'images, tant sonores que lumineuses, des objets placés dans ce milieu. Pouvons-nous traverser ce milieu sans être gêné par ces images, sans être dérangé par elles de la ligne de conduite que nous impose notre hérédité? Certains êtres sont, à cet égard, beaucoup plus libres que nous, quoique le son et la lumière impressionnent vraisemblablement, plus ou moins, la plupart des êtres vivants. Nous savons d'ailleurs nous mettre à l'abri de ces images en fermant les fenêtres par lesquelles elles peuvent nous impressionner. Un fakir, qui vit les yeux clos et les oreilles bouchées avec de la cire, est plus près de la vie absolue que l'occidental agité; mais pour vivre les yeux clos et les oreilles bouchées, il faut se résigner à rester immobile dans un lieu où aucun danger physique n'est à redouter, car les images visuelles et auditives que nous imposent les objets du milieu ont précisément pour effet de nous renseigner à leur sujet et de nous permettre d'acquérir une expérience utile. Quand je me promène dans une rue sur l'impériale d'un tramway, je perçois des images nombreuses par mes yeux et par mes oreilles ; je subis sans cesse l'influence d'un milieu sur lequel je n'agis guère, et cela est humiliant pour ma fierté d'assimilateur. Je m'en console en me disant que grâce à cette défaite provisoire, dans laquelle le milieu me force à accepter son image, j'acquiers une expérience au moyen de laquelle je pourrai ensuite prendre ma revanche sur le milieu et, en particulier, construire des tramways. Le fait que je connais le milieu m'empêche de me croire indépendant de lui et doué de vie absolue, mais il me permet aussi d'agir sur le milieu, au mieux des intérêts de l'être vivant imparfait que je suis.

Je viens d'employer une expression du langage subjectif en disant que *je connais* le milieu ; jusqu'à présent je m'étais borné à constater objectivement les relations établies entre les êtres et le milieu ; je dois me prendre moi-même pour objet et profiter de ce que je suis conscient, pour analyser les phénomènes d'imitation. Je prendrai un seul exemple d'imitation, et je le prendrai aussi simple que possible, dans le domaine de l'acoustique ; j'ai étudié longuement ailleurs[1] l'imitation des couleurs et des formes, je n'y reviens pas ici.

1. V. *Science et Conscience*, loc. cit.

Une phrase sonore étant prononcée par des corps vibrants, par un orchestre si vous voulez, est *répétée* par chaque molécule des milieux élastiques environnants ; c'est ce que j'exprimais tout à l'heure en disant que le corps vibrant assimile physiquement le milieu ; il *impose* aussi son rythme à la plaque d'un phonographe dont le stylet inscrit sur le cylindre enregistreur la *traduction* de la phrase sonore considérée ; je puis m'en assurer en faisant répéter la phrase par le phonographe. Mon oreille est impressionnée, comme la plaque du phonographe, par les vibrations qui traversent mon ambiance, et, là encore, il y a une traduction *très précise* de la phrase prononcée par l'orchestre. Cette traduction, je ne saurais pas la lire objectivement dans les influx nerveux qui traversent le système auditif central d'un étranger, mais je la lis subjectivement dans mes propres centres nerveux, et je puis m'assurer par conséquent de la fidélité extraordinaire de la traduction ; la phrase prononcée par l'orchestre se chante en moi ; devrai-je donc confesser que, à un certain point de vue, je suis assimilé par l'orchestre ? ce serait un échec à mes prétentions de parfait assimilateur.

Puisque la phrase de l'orchestre se chante en moi, je dois dire, rigoureusement, que j'*imite* l'orchestre. Le fait d'*entendre* une phrase constitue à proprement parler une imitation, passive, il est vrai, de la phrase entendue (je laisse de côté l'imitation active qui peut être chez moi un résultat ultérieur de mon imitation passive). Si la phrase se répète souvent près de moi, elle se chante souvent en moi et finit par se fixer dans ma mémoire ; il reste donc en moi un caractère structural résultant de l'action sur mon oreille d'une phrase sonore prononcée par un orchestre extérieur à moi. C'est tout à fait le même cas que dans le phénomène de Bordet. Un colloïde de rythme donné est introduit dans un animal vivant ; si l'animal reste vivant, c'est qu'il a digéré le rythme du colloïde ; mais *il en conserve la trace* parce que sa lutte contre le rythme étranger a duré assez longtemps et a construit dans l'individu vivant l'organe défini par cette lutte. On peut, *on doit* employer le même langage quand on parle du souvenir, fixé en nous, d'une phrase sonore entendue. Notre vie individuelle, dirigée par notre hérédité, serait, au moment considéré, et sans l'influence de cette phrase extérieure, un ensemble donné de rythmes personnels ; la phrase extérieure, qui assimile les milieux élastiques, ne pourrait nous assimiler absolument sans ruiner notre vie ; nous nous adaptons à elle, puisque nous n'en mourons pas, nous la *digérons,* mais nous en conservons une trace fidèle en vertu du phénomène de Bordet.

On pourra s'étonner de voir que je parle ici d'un son comme d'une toxine ; c'est précisément à cette unification de la narration des phénomènes vitaux que je me suis attaché dans cette étude, et il n'est pas étonnant que je sois conduit à comparer notre perception des sons avec notre digestion des toxines, puisque c'est la comparaison des toxines à des activités rythmiques qui m'a conduit à comprendre la digestion comme un phénomène d'assimilation physique. Un protoplasma attaqué par un colloïde à rythme différent du sien, désarme ce colloïde étranger en produisant des diastases *rigoureusement* appropriées à ce résultat, ce que les partisans de la théorie d'Ehrlich appellent des *anticorps*. Et, comme nous l'avons vu pour les chevaux qui fournissent le sérum antidiphtérique, les organes correspondant à la sécrétion de ces diastases, c'est-à-dire à la lutte contre le colloïde étranger, se construisent dans ces animaux. La même chose se produit en nous quand nous entendons un air de musique ; cet air, qui était nouveau pour nous, nous frappe d'abord ; nous réagissons en luttant contre lui comme contre une toxine ; nous créons par assimilation fonctionnelle un organe correspondant ; puis, quand cet organe est créé en nous, nous pouvons entendre de nouveau cet air sans aucun déplaisir et même avec joie, parce qu'il se chante naturellement en nous.

Au lieu d'appliquer le langage du phénomène de Bordet à la narration de la perception des sons, nous pouvons aussi bien faire le contraire et appliquer le langage de l'imitation des sons ou des couleurs à la narration de la fabrication des anticorps. Cela rendra sans doute le phénomène de Bordet moins extraordinaire pour ceux qui considèrent l'imitation comme une chose simple, parce qu'elle est familière. Nous pouvons dire rigoureusement que le cobaye qui a lutté contre le lait de vache et a acquis ainsi la propriété spécifique dont nous avons parlé plus haut relativement au lait de vache, *a imité le lait de vache,* de même que nous disons que nous imitons un air de Glück quand cet air se chante en nous après que nous l'avons longtemps entendu.

Peut-être trouvera-t-on étrange que je donne le nom d'imitation à un phénomène dans lequel un organisme, au lieu de reproduire un rythme donné, fait au contraire ce qu'il faut pour détruire ce rythme, pour le désarmer. Mais quand nous moulons une statue, que faisons-nous, sinon détruire le creux du moule en le remplissant de bronze fondu? La statue n'est pas la reproduction du moule; elle *est tout le contraire,* et cependant, nous trouvons qu'il y a là un exemple parfait d'imitation. Si, pour éviter l'envahissement de notre substance vivante par une phrase sonore, nous chantons en nous-même, synchroniquement, une phrase sonore *complémentaire,* c'est-à-dire une phrase qui, superposée à la première, interférerait absolument avec elle au point de supprimer toute vibration, ne devrons-nous pas dire que cette phrase complémentaire est la *traduction* rigoureuse de la première en ce sens qu'elle détermine rigoureusement la première et la première seulement? Dans toute imitation, il y a traduction; la seule chose que nous puissions exiger de la traduction, c'est qu'elle soit fidèle, c'est-à-dire que, par un phénomène réciproque du phénomène même de la traduction, elle puisse restituer le rythme imité; c'est ce qui passe dans le phonographe; c'est ce qui se passe en nous quand, ayant entendu une phrase, nous la répétons; il y a encore d'autres traductions de la voix, l'écriture par exemple, dont nous savons faire, par la lecture, la traduction en sens inverse. Nous ne savons pas faire la réciproque du phénomène de Bordet, mais nous nous assurons de la fidélité de la traduction en constatant que le sérum de l'animal qui a été préparé avec le lait de vache donne ensuite un précipité avec le lait de vache, mais n'en donne pas avec le lait d'ânesse ou de jument.

Ces considérations, un peu synthétiques je l'avoue, suffiront à ceux qui veulent se rendre compte de la légitimité du langage de l'assimilation fonctionnelle dans la narration des phénomènes d'imitation passive, c'est-à-dire dans les fonctionnements déterminés en nous par un rythme extérieur à nous et qui tente de pénétrer dans notre organisme. Tout cela ne nous apprend pas sous quelle forme est enregistré en nous le souvenir de la phrase entendue; cela nous est indifférent pour le moment, la seule chose qui nous importe, c'est que l'enregistrement soit fidèle, et il l'est.

J'ai exposé ailleurs[1] comment, dans certains cas, nous pouvons passer de l'imitation passive à l'imitation active; comment, par exemple, nous arri-

___
1. *Science et Conscience*, op. cit.

vons à répéter avec notre voix ce que nous avons entendu dire par la voix d'un congénère. C'est encore l'assimilation fonctionnelle qui intervient, au cours de l'évolution spécifique, pour créer, avec corrections successives, l'outil dont nous nous servons pour passer de l'imitation passive à l'imitation active. J'ai insisté sur la nécessité de faire intervenir, dans ce cas aussi, la notion de traduction plus ou moins fidèle; je n'y reviens pas ici. Enfin, j'ai montré comment on passe de l'imitation des sons à celle des couleurs (images de première espèce ou images dans le temps) et à celle des formes (images de deuxième espèce ou images dans l'espace). Les organes imitateurs, tant actifs que passifs, étant fixés petit à petit dans notre hérédité (caractères acquis), se reproduisent naturellement chez les jeunes enfants et leur permettent ainsi de recevoir, par imitation, l'éducation paternelle. De sorte que, non seulement dans la transmission des caractères par hérédité des caractères acquis, mais encore dans la tradition qui complète notre développement, c'est toujours l'assimilation fonctionnelle qui intervient. Et nous voilà bien incapables de distinguer ζωή de βίος! Il faudrait même se résigner à avouer que nous ne possédons pas de vie végétative équivalant à ζωή. Cette vie végétative correspondrait à une assimilation rigoureuse; elle ne se produit que vis-à-vis des corps ou des phénomènes auxquels nous sommes *entièrement habitués*. La moindre variation dans notre régime alimentaire ou dans les phénomènes que nous rencontrons autour de nous substitue l'assimilation fonctionnelle à l'assimilation rigoureuse; autant dire que l'assimilation rigoureuse ne se produit jamais !

* * *

Ceci posé, voici comment on peut raconter un fonctionnement quelconque se produisant à un moment donné chez un animal supérieur donné :

L'animal provient d'un œuf dans lequel se trouve l'hérédité actuelle de l'espèce, résultat de l'hérédité primitive et des acquêts fixés au cours de l'évolution spécifique. Cet œuf est soumis, dans des conditions convenables de milieu, à un développement qui reproduit le mécanisme spécifique. Aux outils composant le mécanisme spécifique s'ajoutent, pendant le jeune âge, les outils résultant de l'éducation par les parents et, d'une manière générale, de tous les fonctionnements successifs auxquels est soumis l'individu suivant les hasards du milieu. Tous les mécanismes acquis au cour de l'évolution individuelle constituent l'expérience personnelle de l'être ; cette expérience est représentée, soit par des déformations extérieures apparentes; soit par des modifications invisibles, inscrites dans le système nerveux, et s'ajoutant, sous forme de souvenirs, au mécanisme de la logique héréditaire.

Au moment où nous l'étudions, le mécanisme

animal[1] vient d'exécuter son dernier fonctionnement; il est dans l'état précis où ce fontionnement l'a laissé; en particulier, son système nerveux est dans un état parfaitement déterminé. Le nouveau fonctionnement va dépendre des influx nerveux occasionnés par l'action de l'ambiance; ces influx nerveux vont se distribuer dans les centres, *d'après l'état actuel des neurones,* en suivant les lignes de moindre résistance. Le parcours, capicieux en apparence pour un étranger observateur, mais parfaitement déterminé en réalité par l'état des centres dans lesquels l'influx se propage, se traduit subjectivement, chez l'homme qui en est le sujet, parce qu'on appelle des *associations d'idées,* éveil successif d'images résultant de fonctionnements antérieurs. Quelques-uns des courants nerveux en question s'éteindront dans les centres nerveux en tendant des ressorts colloïdes (acquisition de souvenirs); d'autres sortiront des centres nerveux par des voies centrifuges et iront déterminer des mouvements musculaires ou des sécrétions (parole, locomotion, gestes, larmes, etc.). Et le mécanisme humain, résultant d'une évolution mille fois centenaire, est tellement admirable que les mouvements déterminés dans son mécanisme par cette distribution prodigieusement complexe d'influx nerveux, seront en général des mouve-

---

[1]. Bien entendu, il s'agit de cas où l'organisme étudié peut être considéré comme un *individu-mécanisme.* (V. plus haut la remarque faite p. 140 en note).

ments utiles à la conservation de sa vie, ou tout au moins des mouvements en rapport avec les exigences des conditions ambiantes. C'est pour cela que le finalisme s'impose presque fatalement à ceux qui étudient directement le fonctionnement humain au lieu de se familiariser d'abord avec les phénomènes vitaux des espèces à mécanisme simple. D'autre part, la conscience épiphénomène ne se trouvant éveillée par les phénomènes extérieurs que lorsque le reflet de ces phénomènes a passé dans l'intérieur de notre individu, nous avons naturellement l'illusion de faire naître en nous les ordres de mouvement qui mettent en jeu nos divers outils individuels ; nous croyons *faire des commencements absolus,* alors que nous sommes seulement de merveilleux transformateurs d'énergie, transformateurs qui se transforment eux-mêmes, par assimilation fonctionnelle, au cours de chacun de leurs nouveaux fonctionnements. Et ceci est vrai chez moi homme, aussi bien quand je mange du pain emprunté au milieu, que quand je me livre à une discussion relative à la dissolution opposée à l'évolution ; dans ce dernier cas, ce que j'emprunte au milieu, c'est simplement la forme des caractères d'imprimerie des écrits de mon ami Lalande, ou, si je cause avec lui, le retentissement de sa voix. La vision des lettres imprimées ou l'audition des phrases déterminent chez moi des assimilations fonctionnelles qui, grâce au mécanisme construit en moi par mes assimilations fonctionnelles antérieures et par quelques-unes de celles de mes ancêtres, me raffermissent de plus en plus dans cette idée que l'assimilation fonctionnelle est le phénomène vital par excellence.

*
* *

Je ne me dissimule pas que mon langage extrêmement synthétique paraîtra incompréhensible à beaucoup de gens. Je ne suis d'ailleurs pas arrivé moi-même tout de suite à ce langage vraiment biologique ; j'ai commencé par appliquer à l'étude des phénomènes vitaux le langage analytique des sciences chimiques ; c'est ce que j'ai fait par exemple dans ma *Théorie nouvelle de la vie* et dans plusieurs autres ouvrages plus récents. Et je suis convaincu que ce langage analytique, facile à comprendre de tous les hommes instruits, n'est pas d'une grande fécondité. Les êtres vivants sont trop complexes, surtout quand ce sont des animaux supérieurs, pour que l'on puisse comprendre à la fois le détail de leur activité atomique et l'admirable adaptation de leur fonctionnement d'ensemble. L'étude des phénomènes pathologiques m'a tardivement mis sur la voie du langage synthétique dont je me sers maintenant ; c'est en écrivant mon introduction à la pathologie générale que j'ai compris que la biologie a une méthode propre ; cette méthode devrait s'appeler la méthode biologique ; je l'appelle cependant la méthode pathologique parce que c'est dans l'étude des réactions pathologiques qu'elle s'est dévoilée d'abord. Le langage correspondant est le langage de la lutte universelle [1]; ce langage permet en effet de s'intéresser aux individus, tandis que le langage chimique ne le permet pas. Qu'est-ce, en effet, qu'un individu ? C'est quelque chose qui change à chaque instant sous l'influence de causes situées à la fois en lui *et au dehors de lui.* Si l'on veut qu'un mot représente une chose définie avec précision, comme on a l'habitude de l'exiger dans les sciences exactes, on ne pourra donc pas conserver le même nom à un individu pendant un laps de temps qui ne soit pas infiniment petit. Or, la biologie s'intéresse à l'histoire d'un individu qui dure, et les hommes ont l'habitude d'appliquer à cet individu une dénomination constante depuis sa naissance jusqu'à sa mort. Les mathématiciens, me dira-t-on, conservent aussi le même nom à une fonction d'une variable, à travers toutes les modifications qu'entraîne pour cette fonction la variation de la variable.

$$y = f(x)$$

est un symbole qui définit une fonction parfaitement précise *f.* Sans doute ; mais la vie ne peut pas se désigner simplement comme une fonction du temps. On ne peut pas définir le corps d'un être par une équation.

$$S = f(t)$$

---

[1]. V. *La lutte universelle.* Paris, Flammarion, 1906.

dans laquelle f aurait une forme fixe ; en effet l'avenir de l'individu considéré à un moment donné de son existence ne dépend pas seulement de son passé et de son état actuel, mais aussi de facteurs imprévus qui, issus du milieu ambiant, viennent sans cesse apporter leur contingent à son évolution. Et les formes successives d'un individu A, formes que nous appelons $A_1, A_2, A_3, \ldots A_n$, sont liées l'une à l'autre par des équations symboliques :

$$A_2 = A_1 + (A_1 \times B_1),$$
$$A_3 = A_2 + (A_2 \times B_2),$$

…, etc.,

équations dans lesquelles les symboles $(A_1 \times B_1)$, $(A_2 \times B_2)$, etc., représentent les *assimilations fonctionnelles* successives définies à chaque instant par la lutte du corps A contre le milieu correspondant B. Dans un corps vivant A, une infinité de réactions sont possibles à chaque instant, mais la vie de A ne continue que si la lutte $(A \times B)$ a pour résultat une *assimilation fonctionnelle* ; dans tout autre cas, ce serait la mort qui surviendrait.

La biologie diffère de la chimie par deux particularités essentielles :

1° Quand un corps vivant A réagit avec un milieu B, le biologiste ne s'intéresse qu'à ce que devient le corps A, tandis que le chimiste, étudiant une réaction d'un corps A avec un corps B s'occupe indifféremment de tous les produits de la réaction et ne se demande pas si l'un deux C est le prolongement de A plutôt que de B. C'est pour cela qu'il n'y a pas, en chimie, de notion d'individualité ;

2° Si un corps vivant A réagit avec un milieu B, le biologiste ne s'intéresse au sort de A que si A *continue de vivre*. De sorte qu'une infinité de réactions possibles à chaque instant peuvent faire sortir des limites de la biologie le corps qui en est le siège ; nous ne nous intéressons au corps A_2 qui résulte de A_1 que si A_2 continue de vivre ; s'il est mort, son histoire entre désormais dans le domaine de la chimie ordinaire. Ce qui nous intéresse en réalité, ce n'est pas le sort du corps A_1, puisque ce corps A_1, ne peut vivre qu'en se transformant dans un *autre* corps A_2 ; ce que le biologiste étudie ce n'est ni A_1 ni A_2, mais le phénomène *vie* qui se continue de A_1 à A_2 ; le biologiste étudie *un phénomène vital qui continue à travers des corps successifs* A_1, A_2,... A_n, et le seul lien qui unisse pour lui ces divers corps, c'est que le même phénomène vital s'est transmis sans discontinuité à travers toute la série. Ce qui l'intéresse en réalité, c'est donc le passage de A_1 à A_2 quand ce passage n'entraîne pas la mort ; or ce passage n'est un phénomène vital, que s'il se produit par assimilation fonctionnelle ; ainsi la biologie est l'étude des phénomènes d'assimilation fonctionnelle.

Je n'ai pas réussi à donner à la page que je viens d'écrire une clarté comparable à celle qui règne à ce sujet dans mon esprit ; c'est peut-être précisément parce que cela est trop clair pour moi que je n'arrive pas à le faire bien comprendre aux autres. Je n'ai pas trouvé beaucoup de contradicteurs quand j'ai défini la fonction par une lutte contre le milieu, chez les êtres unicellulaires simples ; tant qu'il s'est agi de vie élémentaire sans mécanisme coordonné très compliqué, j'ai pu faire admettre ma formule symbolique $(A \times B)$; mais l'objection de mon ami Lalande me prouve qu'il n'en est plus de même quand je veux employer le même langage pour des êtres aussi complexes que l'homme. Or je suis convaincu que c'est là surtout que ce langage synthétique a une grande fécondité et une grande valeur philosophique. Sans doute, on peut toujours analyser l'activité humaine en la décomposant dans ses activités cellulaires ; cela est même nécessaire au moment de l'anarchie histologique que caractérise la maladie, et j'ai précisément montré, dans un livre récent[1], que l'anaphylaxie, phénomène qui semble opposé au phénomène général de l'habitude, est simplement le résultat de cette anarchie pathologique qui permet à chaque cellule de vivre pour son propre compte, et d'acquérir, pour son propre compte, des habitudes quelquefois nuisibles à la santé de l'animal total. Parlant rigoureusement, on pourrait dire qu'un individu malade n'est plus un individu. Une agglomération pluricellulaire ne mérite le nom d'individu que si le langage synthétique de l'assimilation fonctionnelle peut

---

1. *La stabilité de la vie*. Librairie Félix Alcan, 1910.

s'employer pour raconter son activité d'ensemble, comme il s'emploie pour raconter, séparément, l'activité vitale de chacun de ses éléments constitutifs. C'est dans ce cas que le corps A_2, provient du corps précédent A_1 par un phénomène vital. Quand A_2 provient de A_1 par un ensemble de phénomènes que nous appelons une maladie, on doit considérer le corps A_1 pendant cette maladie, comme un champ de bataille, et non comme un individu. Aussi, quand l'un de nous est malade, personne ne peut savoir s'il guérira ; il est menacé de mort par cela même qu'il est malade. Ensuite, quand la maladie est finie, quand le corps A_2 qui en résulte est redevenu susceptible d'un fonctionnement d'ensemble se produisant par assimilation fonctionnelle, une nouvelle série vivante repart de A_2 ; mais il y a eu entre A_1 et A_2 une discontinuité, une interruption de la coordination, interruption qui laissera une trace dans les individus ultérieurs. C'est seulement chez l'individu sain que l'unité est suffisamment réalisée pour permettre de raconter ses actes dans le langage synthétique de l'assimilation fonctionnelle.

Je ne veux pas m'étendre plus longtemps sur cette question ; je n'ai pas la prétention d'avoir décidé beaucoup de philosophes à employer le langage qui, après vingt ans de recherches biologiques ininterrompues, me paraît le seul capable de permettre la narration simple des phénomènes vitaux. Je me demande d'ailleurs si l'objection de Lalande, à laquelle j'ai répondu dans cet article, avait la portée que je lui ai attribuée. Peut-être n'a-t-il pas voulu dire ce que j'ai compris en le lisant ; je reproduis la phrase qui a attiré particulièrement mon attention :

« Mais il faut bien se rendre compte qu'ainsi restreinte à l'*assimilation fonctionnelle*, cette définition de la vie ne correspond plus qu'à une partie minime de ce que nous appelons ordinairement de ce nom[1]. »

Si M. Lalande avait dit *assimilation* tout court, je serais absolument de son avis ; l'assimilation, phénomène vital parfait, est tellement rare à l'état de pureté que nous pouvons le considérer comme ne se produisant presque jamais en dehors des conditions artificielles de quelques expériences de laboratoire. Et je reconnais volontiers que les phénomènes réunis sous l'appellation de βίος, appellation opposée à ζωή, sont précisément en rapport avec des cas où l'intervention du milieu masque plus ou moins complètement l'assimilation pure et simple. Mais l'intervention du milieu, dans ces cas particuliers, a un résultat *qui n'est pas quelconque*, tant que l'animal continue de vivre ; ce résultat est en effet de substituer l'assimilation fonctionnelle à l'assimilation pure et simple. Je reconnais que le phénomène *vie*, défini par l'assi-

---

1. *Loc. cit.*, p. 193.

milation fonctionnelle, est moins parfait que le phénomène *vie absolue* défini par l'assimilation pure et simple. Mais ce sont justement les imperfections de la vie réelle, ce sont les victoires partielles du milieu sur nous, victoires partielles dont nous conservons la marque et que nous appelons nos souvenirs, notre expérience, ce sont ces défaites de notre assimilation que nous appelons les facultés élevées de notre intelligence et de notre esprit; c'est de cela que nous sommes fiers! En réalité, ces défaites ne sont jamais totales, sans quoi nous mourrions; nous résistons à l'envahissement du milieu dans la mesure de nos moyens, nous sommes le siège d'une assimilation fonctionnelle qui est souvent, hélas, une victoire à la Pyrrhus. Et, à mesure que nous avançons en âge, la « quantité de victoire » que nous remportons dans nos luttes successives contre le milieu va en diminuant sans cesse! Quand nous sommes tout à fait jeunes, notre œuf, qui vient de retrouver, dans le phénomène de la conjugaison, un potentiel bipolaire très tendu, entreprend contre le milieu une lutte dans laquelle il paraît être d'abord complètement vainqueur; c'est, à peu de chose près, l'assimilation absolue, la vie végétative parfaite. Cela se passe, par exemple, dans l'œuf de poule, jusqu'à l'éclosion du poussin; abritée par la coque contre les variations du milieu extérieur, la petite masse de substance vivante noyée dans le vitellus se développe comme un champignon aux dépens de ce vitellus et crée, par assimilation absolue, un poussin merveilleusement coordonné. Puis le poussin sort de l'œuf, l'enfant naît à la lumière, et à partir de ce moment la vie parfaite cesse ; il faut lutter dans des conditions moins avantageuses, et les victoires sont amoindries par des défaites partielles. L'assimilation l'emporte cependant ; l'animal grandit, moins vite qu'au début, il est vrai, mais il grandit encore ; cependant, il acquiert de l'expérience, c'est-à-dire qu'il enregistre le souvenir de ses défaites partielles, souvenir qui vient s'ajouter à sa logique héréditaire, résumé de l'expérience ancestrale.

Un moment arrive où les défaites contrebalancent exactement les victoires ; l'homme ne grandit plus, il est adulte ; il ne conquiert plus d'espace ; il défend tout juste, par une lutte de tous les instants, celui qu'il a acquis pendant sa jeunesse. C'est le moment où son intelligence est à son apogée, où sa raison est le plus puissante. Naturellement, ceux qui ont étudié la vie chez l'homme adulte n'ont pas pu remarquer le phénomène essentiel de la vie, puisque ce phénomène est masqué chez lui par des phénomènes destructeurs équivalents.

Enfin, l'animal devenu vieux se sent de plus en plus vaincu ; son corps s'encombre de résidus morts ; son énergie bipolaire se détend chaque jour ; il finit par ne plus se défendre du tout et par être envahi par le milieu ; il est mort. Les sublimes paroles des vieillards mourants sont des phénomènes dans lesquels il subsiste un minimum de vie. Comment avoir l'idée de chercher dans ces phénomènes si spéciaux la définition d'une particularité commune aux animaux et aux végétaux ? Ce serait un leurre ! Il faut nous résigner à ne pas trouver chez les champignons l'équivalent du βίος des vieillards. Et cependant le mot vie s'applique à tous les êtres inférieurs ! Qu'on le supprime ! je ne m'y opposerai pas ; mais si on le conserve, on ne pourra s'empêcher de définir la vie absolue par l'assimilation pure et simple, et la vie ordinaire par l'assimilation fonctionnelle.

VI

LAMARCKISME, MENDÉLISME ET MUTATIONS[1]

En commençant cette conférence que vous m'avez fait le grand honneur de me demander, je dois vous mettre en garde contre la tendance que pourraient avoir plusieurs d'entre vous à m'attribuer quelque autorité parmi les gens compétents. Dans le monde des sciences naturelles, je suis à peu près seul de mon bord ; ce que je vais vous dire doit donc être considéré par vous comme l'expression de mon opinion personnelle, et non comme un exposé de vérités admises par la majorité des naturalistes.

Si je suis aussi isolé au milieu des savants qui s'occupent des êtres vivants, cela tient à la méthode que j'ai suivie pour étudier l'origine des espèces. Aujourd'hui, en considérant cette méthode avec toute l'impartialité dont je suis susceptible, je la considère comme la seule légitime,

---

[1]. Cette étude est la première partie d'une conférence faite le 18 mai 1911 à la Société française de philosophie.

mais je suis trop intéressé dans la question pour que mon sentiment sur ce sujet ait quelque valeur. Je n'ai d'ailleurs pas choisi cette méthode pour des raisons philosophiques ; elle s'est imposée à moi fatalement comme une conséquence de l'ordre dans lequel le hasard m'a amené à étudier les diverses questions biologiques, et cette constatation me permet de croire que je ne me laisse pas aveugler par l'amour-propre en la déclarant la meilleure.

Quand M. Metchnikoff me chargea, à l'Institut Pasteur, d'étudier la digestion chez les protozoaires, le savant russe avait pour but de me faire rechercher des faits nouveaux à l'appui de son ingénieuse théorie de la Phagocytose.

Je trompai sa confiance et me laissai entraîner par le démon de la philosophie. A force de regarder vivre, sous le microscope, des êtres aussi simples que les amibes par exemple, je me posai des questions très générales au sujet de la vie elle-même, au lieu de m'arrêter à rechercher si certaines espèces digèrent plus facilement la cellulose ou la fécule de pomme de terre. Il me sembla que tous les phénomènes constatables chez les êtres uni-cellulaires peuvent se raconter dans un langage analogue à celui des chimistes et des physiciens. Mon petit livre *La Matière vivante* fut le résultat de mes premières investigations dans ce sens. Puis, je m'enhardis peu à peu, et je me demandai si, question de complexité mise à part, il ne serait pas possible de raconter de la même manière l'activité des êtres supérieurs et de l'homme lui-même. Je publiai bientôt la *Théorie nouvelle de la Vie* qui fut considérée par mes maîtres comme un ouvrage d'une témérité impardonnable, par la plupart des gens comme un défi au bon sens. Je n'ai pas l'intention de défendre ici une théorie dont, après seize ans de réflexion, je suis encore satisfait; ce que je veux faire remarquer, c'est que j'ai été amené à commencer mes études de biologie par l'établissement d'une *Théorie de la Vie*. Je n'avais jamais songé, à ce moment, à étudier l'origine des espèces; je ne me demandais pas d'où vient l'homme, mais seulement s'il est possible de raconter, dans un langage calqué sur celui des physiciens, le fonctionnement *actuel* d'un homme donné. Je vous avoue très humblement que j'étais assez ignorant à ce moment pour m'imaginer que la question de l'origine des espèces était définitivement résolue; je le croyais simplement parce qu'on le disait autour de moi, et que je n'avais jamais arrêté ma pensée sur cette question. Je crois que l'on ne trouverait ni le nom de Lamarck ni celui de Darwin dans ma théorie nouvelle. Je connaissais cependant un peu Darwin, mais je n'avais jamais lu Lamarck, et je ne me doutais pas de la divergence des écoles qui s'abritent sous ces deux grands noms.

Si je ne me trompe, je fus amené à m'occuper de l'origine des espèces, lorsque M. Ribot me demanda une analyse du livre de *Cope*, le chef des néo-lamarckiens d'Amérique, dont je n'avais jamais entendu parler. Subitement je me découvris lamarckien, et je le devins de plus en plus à mesure que je me familiarisai avec l'œuvre de Lamarck. Pour moi, le problème fondamental de la question de l'origine des espèces fut dès lors le mécanisme de la transmission héréditaire des caractères acquis. Je n'ai jamais douté que cette transmission fût possible ; aujourd'hui encore j'aurais de la peine à m'imaginer que des naturalistes puissent le nier, si je n'avais compris que les naturalistes, même les plus instruits dans les sciences exactes, abandonnent toujours fatalement, en devenant naturalistes, la méthode des physiciens. L'observation des phénomènes de la vie actuelle, rapprochée des données positives de la paléontologie, me conduit à des raisonnements synthétiques qui me démontrent la nécessité de cette transmission héréditaire. Mais les naturalistes se défient des raisonnements, et ne croient que ce qu'ils voient ; or je suis convaincu qu'il est difficile, sinon impossible, de *voir* une variation lamarckienne, même quand on *assiste* à cette variation. Quoi qu'il en soit, muni d'une théorie de la vie quand j'attaquai le problème de l'hérédité des caractères acquis, je me servis de ma théorie pour rechercher le mécanisme de cette transmission héréditaire. J'arrivai à concevoir ce mécanisme en me servant uniquement de la loi d'assimilation fonctionnelle, et j'exposai ma tentative dans le livre *Évolution individuelle et Hérédité*. Sans modifier en rien cette première conception, je suis ar rivé à lui donner une forme plus claire dans des livres plus récents, et en particulier dans les *Éléments de Philosophie biologique.*

Ce long préambule est destiné à vous faire comprendre comment j'ai été amené à introduire une théorie de la vie dans la question de l'origine des espèces. Je me suis aperçu bien vite que Lamarck avait, lui aussi, une théorie de la vie ; son premier principe, du *développement des organes par le fonctionnement habituel,* est précisément la constatation de la particularité fondamentale qui distingue les êtres vivants des corps bruts. Le hasard m'avait donc fait lamarckien, et je crois qu'on est fatalement lamarckien quand on n'oublie pas la méthode des sciences physiques en entrant dans l'étude des phénomènes vitaux.

Au contraire, j'avais constaté, avec étonnement, en lisant Darwin, que l'illustre auteur anglais ne se préoccupe jamais de la manière dont se réalisent les variations sur lesquelles s'exerce la sélection naturelle. Les néo-darwiniens ont été encore plus loin que lui ; ils ne se préoccupent aucunement de la nature des phénomènes vitaux lorsqu'ils veulent étudier l'origine des espèces ; on constate donc aujourd'hui ce fait étrange que, pour la majorité des naturalistes actuels, la vie n'a joué aucun rôle dans l'évolution des êtres vivants !

Si l'on considère une lignée ininterrompue depuis l'origine de la vie jusqu'à nos jours, on peut diviser cette lignée en deux ensembles de périodes tout à fait distinctes :

1° Les périodes de vie individuelle, qui vont depuis la naissance de chaque individu jusqu'au moment où il se reproduit ;

2° Les périodes de reproduction.

Les premières occupent presque toute la durée de la lignée ; c'est à elle que les lamarckiens attribuent toute l'importance dans la fabrication des espèces actuelles ; ce sont les périodes de vie. Les deuxièmes occupent des moments très courts ; j'ai essayé de montrer que les phénomènes de fécondation ne sont même pas, à proprement parler, des phénomènes vitaux, mais je ne reviens pas ici sur cette manière de voir qui a donné lieu à de nombreuses discussions. C'est à ces phénomènes de fécondation que les néo-darwiniens attribuent toutes les variations qui ont conduit aux espèces actuelles. Au contraire, Lamarck les négligeait entièrement ; il ne s'occupait que du cas où une variation, ayant été acquise *à la fois par les deux sexes,* se transmettait aux petits, comme s'il n'y avait eu qu'un seul parent se reproduisant par parthénogénèse. J'ai insisté bien souvent sur ce qui me paraît être une nécessité absolue de la méthode en biologie, la nécessité de séparer la question de l'hérédité et celle de la sexualité. Au contraire, les darwiniens confondent à l'envi ces deux questions ; ils croient qu'ils étudient l'hérédité quand ils s'attachent à mettre en évidence les résultats de l'amphimixie, c'est-à-dire de la fabrication d'un nouveau patrimoine héréditaire par fécondation.

Pour les darwiniens, d'ailleurs, l'hérédité est quelque chose de distinct de la vie. Darwin a contribué à répandre cette idée peu scientifique avec sa théorie des *gemmules* que l'on peut considérer comme le point de départ des théories de Weismann et de presque tous les naturalistes modernes. A mon avis, l'hérédité est exactement la même chose que l'assimilation ; seulement on réserve le nom d'assimilation au cas où un corps vivant se développe sans se morceler, tandis qu'on emploie le mot hérédité quand des parties du corps vivant se séparent de lui et continuent leur assimilation en dehors de lui. Au contraire, pour les darwiniens, il y a la *vie* du protoplasma, d'une part, et d'autre part les *propriétés héréditaires* dues à des particules invisibles logées dans le protoplasma. Darwin et ses élèves ont d'ailleurs attribué à ces particules invisibles toutes les propriétés de la vie élémentaire en les déclarant capables de se multiplier par bipartition comme des microbes ; mais il est évident que la croyance à ces particules qui se transmettent intégralement d'individu à individu et ne font que se distribuer différemment dans les divers individus, est la négation même de la théorie de l'évolution, qui veut que tout ce qui caractérise aujourd'hui les êtres vivants *ait apparu* au cours des époques géologiques. Weismann a donné à cette négation de l'évolution son expression la plus parfaite dans sa *Théorie des Plasmas ancestraux*. Dans cette théorie, un individu actuel provient de millions d'ancêtres initiaux, tandis que dans la théorie de l'évolution lamarckienne, des millions d'espèces actuelles dérivent d'un seul ancêtre primitif.

Pour les darwiniens, la variation provient seulement d'une distribution fortuite, au moment de la fécondation, des caractères préexistant chez les ancêtres. La sélection naturelle choisit les individus que le hasard a bien armés pour la lutte.

Pour les lamarckiens, au contraire, tout se réduit à ceci :

1° L'être vivant, sous l'influence du milieu, contracte des habitudes qui l'adaptent au milieu.

2° Ces adaptations peuvent être assez profondément acquises pour être transmises par la voie héréditaire.

C'est donc *pendant la vie* et *par la vie* même des individus que *s'acquièrent* progressivement tous les caractères des espèces qui proviennent des lignées. La vie d'un individu ne réside pas dans l'individu lui-même, elle résulte, à chaque instant, des liaisons établies entre le milieu et l'individu, liaisons qui définissent à chaque instant les fonctionnements successifs des individus. Pour un lamarckien, un être actuel résulte de ce qu'ont *fait* ses ancêtres ; pour un darwinien, il provient seulement des hasards qui ont présidé à la distribution dans les individus successifs, de caractères ayant éternellement existé. On voit que les deux écoles sont en discordance parfaite ; j'ai essayé autrefois de mettre d'accord, avec les lamarckiens, les moins intransigeants des darwiniens, en montrant que le premier principe de Lamarck pouvait être considéré comme le résultat de la sélection naturelle s'exerçant sur les cellules ; mais aujourd'hui, depuis l'engouement provoqué par l'hérédité mendélienne et les mutations de de Vries, il n'y a plus aucune entente possible.

.*.

Darwin, ayant créé de toutes pièces la théorie des gemmules, lui donna un coup de pouce pour lui permettre d'expliquer l'hérédité des caractères acquis qu'il jugeait sans doute indispensable à la formation des espèces, quoique ne s'étant jamais nettement expliqué à ce sujet. Mais, ce coup de pouce, il le donna maladroitement, et l'on vit bien que sa théorie n'était pas soutenable. Au contraire, son élève Weismann, introduisant plus de précision dans l'exposé d'une théorie issue, en principe, de celle de Darwin, s'aperçut qu'elle rendait impossible la transmission héréditaire des caractères acquis. *Il nia donc cette transmission,* et il eut beau jeu, car l'observation humaine de l'hérédité des caractères acquis est, sinon impossible, du moins prodigieusement difficile.

Il existe donc aujourd'hui toute une catégorie de naturalistes qui *nient l'hérédité des caractères acquis,* et qui se disent transformistes tout de même. Leur transformisme *discontinu,* dont je vais vous parler maintenant, expliquerait, à la rigueur, la variété actuelle des espèces animales, et végétales, mais elle ne donne aucune manière de comprendre l'admirable mécanisme des animaux supérieurs et de l'homme, ou, du moins, si elle en propose une explication, c'est une explication tellement enfantine, et dans laquelle le hasard joue un rôle tellement providentiel, que les plus crédules ne peuvent l'accepter sans sourire. C'est, sans contredit, Weismann surtout qui est responsable de cet état d'esprit ; c'est de lui que dérivent, plus ou moins directement, et avec des différences de détail plus ou moins profondes, toutes les théories biologiques qui ont en commun ces deux particularités fondamentales :

1° Croyance aux *caractères-unités*.

2° Négation de l'hérédité des caractères acquis par adaptation au milieu.

Toutes ces théories sont, à mon avis, viciées dans leur base, quels que soient les efforts tentés par leurs auteurs pour échapper aux reproches justifiés sous lesquels ont succombé les théories de Darwin et de Weismann.

Une *gemmule* de Darwin, un *déterminant* de Weismann, représentaient une cellule ou un type de cellule du corps complexe de l'homme ; ces *gemmules* ou *déterminants,* particules invisibles, existaient tous à la fois, dans l'œuf d'où provient l'homme. Ainsi, tous les *caractères* de l'homme adulte étaient *représentés* dans l'œuf par des particules qui avaient la propriété de les *déterminer* au cours du développement. Les caractères dans lesquels on pouvait diviser l'être adulte étaient donc des *unités* séparées ; l'homme était un assemblage d'unités hétéroclites comme l'animal fabuleux que décrit Horace au début de l'*art poétique*. C'était la négation pure et simple du transformisme lamarckien. En admettant la théorie de Weismann, on était conduit à penser que les espèces ne peuvent varier que par *sauts brusques*, par acquisition ou par perte d'un de ces *caractères-unités*.

Voici, maintenant, où l'histoire devient amusante, et où le danger des erreurs de méthode devient manifeste :

Au moment où le monde des naturalistes était sous l'influence de Weismann, alors que de rares lamarckiens luttaient encore contre la croyance aux *caractères-unités,* des résultats d'expériences et d'observations vinrent donner une apparence de démonstration à cette théorie. D'une part, les études sur les caractères dits *mendéliens* montrèrent que, dans certains croisements, on voit se transmettre à certains individus, et non à d'autres, des caractères d'ensemble qui, se transportant ainsi tout d'un bloc, méritent franchement le nom de *caractères-unités*. D'autre part, le botaniste hollandais de Vries annonça qu'il avait constaté chez les *Œnothères* des variations spécifiques par *sauts brusques,* variations qu'il appela des mutations.

C'était un triomphe contre le lamarckisme. Il n'y avait, en effet, qu'un pas à franchir, et il fut vite franchi : on affirma que TOUS les caractères sont des caractères-unités ; on affirma aussi que les espèces ne peuvent varier que par mutation.

Ainsi s'inaugurait un transformisme discontinu n'ayant plus RIEN de commun avec le transformisme que Lamarck avait basé sur l'adaptation au milieu et sur l'hérédité des caractères acquis par adaptation au milieu. Les ennemis nés du transformisme vrai se réjouirent, car le nouveau transformisme ne pouvait raisonnablement expliquer l'origine de l'homme, la seule chose qui nous intéresse vraiment en biologie.

Cependant, en y regardant de plus près, on remarqua bien vite des différences entre les discontinuités ainsi découvertes et celles qu'avait prévues la théorie des gemmules ou des déterminants. En effet, deux Œnothères, devenues distinctes par *mutation*, diffèrent *dans tout leur ensemble* et non par une variation locale ; de même un caractère mendélien présent chez un être et absent chez son frère, n'est pas non plus localisé dans une partie de l'organisme, mais se manifeste dans *tout son ensemble* ; il ne saurait donc être question là des caractères locaux dans lesquels Weismann découpait l'organisme pour représenter chacun d'eux par un déterminant. J'ai proposé le nom de *diathèse* pour représenter ces caractères, parce qu'ils affectent l'organisme dans toutes ses parties à la fois comme une diathèse pathologique.

On n'a pas accepté cette dénomination, peut-être parce qu'elle était trop claire. M. Cuénot, en particulier, qui a beaucoup étudié ces caractères mendéliens, a préféré employer le mot weismannien de *déterminant*, quoiqu'il y ait, il le fait remarquer, entre ses déterminants et ceux de Weismann, la différence qu'il y a entre une diathèse et un caractère local, entre la syphilis et un ongle cassé. Ne voyez-vous pas tout de suite le danger de l'emploi du mot *déterminant* dans un sens si différent du sens weismannien qui est devenu classique, et croyez-vous qu'un auteur pourra impunément employer ce mot sans se laisser aller, quand l'occasion s'en présentera, à lui donner le sens des déterminants de Weismann qui rendent, en apparence, tant d'explications faciles ?

Je fais en outre deux remarques en passant :

1° Ceux qui emploient le mot déterminant dans ce sens nouveau et qui pensent avec M. Cuénot que chaque déterminant « se manifeste *dans tous les organes* par des caractères corrélatifs », deviennent par là même, partisans, malgré l'apparence weismannienne de leur langage, de cette fameuse *unité de l'être vivant,* que j'ai proclamée il y a une dizaine d'années, et qui m'a d'ailleurs paru être en relation très étroite, en relation de cause à effet, avec le phénomène de la transmission héréditaire des caractères acquis. Si, en effet chaque déterminant se manifeste dans *tous* les organes, c'est bien que *tous les déterminants à la fois* (c'est-à-dire, en un mot, l'hérédité de l'œuf), sont manifestés dans *toutes* les parties du corps. Ce n'est pas moi qui m'élèverai contre une telle interprétation. Mais cela me conduit à ma seconde remarque :

2° Pris au sens weismannien, les déterminants constituaient une *théorie de l'hérédité* (les darwiniens, en effet, qui n'ont pas besoin de théorie de la vie, ont tous éprouvé le besoin d'une théorie de l'hérédité); cette théorie était mauvaise, c'est entendu, mais enfin, elle expliquait à ceux qui l'acceptaient sans contrôle, ce phénomène prodigieux de la construction de l'homme par l'œuf d'homme. Au sens où le prennent les mendéliens, les déterminants n'expliquent plus rien de semblable; ils permettent de comprendre comment se constituent, au cours des diverses fécondations, des différences finies entre les œufs, mais ils n'expliquent plus aucunement la fabrication de l'homme par son œuf. Puisque tous les déterminants agissent à la fois dans toutes les parties de l'homme, autant vaut dire, comme je le proposais tout à l'heure, que c'est l'œuf tout entier qui agit partout; il n'y a plus division du travail de construction entre les diverses parties de l'œuf; il n'y a donc plus rien d'équivalent à ce qui, pour Darwin et Weismann, était une théorie de l'hérédité. Je n'y vois, certes, aucun inconvénient ; mais il faut prévenir le lecteur! Je crois, pour mon compte, que toute théorie *particulière* de l'hérédité est nuisible; j'ai proposé dans divers ouvrages, non pas une théorie de l'hérédité, mais, à proprement parler, une méthode pour parler des faits d'hérédité sans se mettre en contravention avec aucun des faits connus, tant de la reproduction immédiate des animaux que de l'évolution des espèces vivantes. En revanche j'ai proposé, ce que les darwiniens déclarent impossible dans l'état actuel de la science, une explication de la transmission héréditaire des caractères acquis. J'ai tiré cette explication d'une comparaison fort élémentaire avec la réciprocité de certains phénomènes physiques, celle du téléphone par exemple, ou de la machine Gramme. Je l'ai exposée d'une manière très simple dans un livre récent[1]; je n'y reviens pas ici. J'ai essayé aussi de comprendre la formation des nouveaux patrimoines héréditaires dans les *amphimixies*, qu'il faut étudier, je le répète, comme un phénomène séparé des phénomènes mêmes de l'hérédité. Mais pour ce qui est de l'hérédité même, c'est-à-dire de la particularité remarquable qui fait que le fils de l'homme est un homme, je la considère comme inhérente à la vie elle-même, comme inséparable du phénomène fondamental d'*assimilation*.

Je reviens maintenant à mon sujet: Je suis loin de nier l'importance des expériences sur l'hérédité mendélienne. Je crois au contraire que ces expériences ont un grand intérêt pour les éleveurs; mais je crois aussi qu'elles en ont fort peu pour les philosophes qui étudient l'origine des espèces; elles présentent au contraire un danger philoso-

---

1. *Le Chaos et l'Harmonie universelle.*

phique, parce qu'elles ont conduit les chercheurs qui s'en sont occupés à une interprétation trop générale des faits. De ce qu'il y a des *caractères-unités* (que j'appelle diathèses), et que les faits d'hérédité mendélienne en prouvent péremptoirement l'existence, il ne s'ensuit pas, en effet, que tous les caractères soient des caractères-unités, et que la variation ne puisse se faire, dans l'évolution des espèces, que par des *mutations* brusques, apparition ou suppression d'un de ces caractères. Ayant comparé à des diathèses ces CARACTÈRES-UNITÉS, j'ai naturellement appelé *microbe* la particule qui les détermine ; on ne veut pas accepter cette dénomination ; cela m'est bien égal ; je dirai volontiers *déterminant* pour faire comme tout le monde. Je vois bien, par les expériences d'hérédité mendélienne, qu'une souris grise a un déterminant du pelage gris : je veux bien encore qu'elle ait, si vous voulez, deux, trois, voire sept autres déterminants, qui produiront chez cette souris, deux, trois, sept autres *caractères-unités* superposés, comme des vêtements, à l'ensemble de son organisation ; mais, à côté de ces déterminants surajoutés, de ces déterminants de diathèses, qui peuvent manquer sans que l'animal en souffre, il y a un *gros déterminant* bien plus important ; c'est l'œuf de souris qui produit la souris !

Au cirque, quand l'homme aux trente-six gilets avait retiré son trente-sixième gilet aux yeux du public ébahi, il restait, tout de même, un homme.

Les savants qui s'occupent du mendélisme étudient les variations résultant des changements de gilets ; celles-là sont, en effet, brusques et discontinues ; elles produisent un effet de variété qui plaît à l'œil. Mais une fois tous les gilets enlevés, il reste l'animal coordonné ; celui-là, c'est le lamarckisme qui nous explique, par des variations continues, son origine et ses merveilleuses adaptations.

*
* *

Je ne puis séparer la question du mendélisme de celle des mutations, quoique les protagonistes de ces deux théories ne soient pas toujours d'accord ; il y a cependant toujours entre eux quelque chose de commun, savoir, la *discontinuité* dans les variations observées. Au fond, ce qui me choque dans le transformisme discontinu de ces auteurs, ce n'est pas la discontinuité elle-même ; en cherchant à aller au fond des choses, on trouve toujours une certaine discontinuité dans tous les phénomènes qui sont du ressort de la chimie. Mais les partisans de la théorie des mutations admettent que ces variations brusques *ne sont pas le résultat des relations établies entre les êtres et le milieu.* C'est là que le bât me blesse, car je vois dans cette croyance la négation de ce qu'il y a de plus fondamental dans le système lamarckien, c'est-à-dire dans la théorie vraiment biologique de l'évolution. Les mutationnistes rangent avec mépris dans la catégorie des *fluctuations* les variations provenant de l'action du milieu, c'est-à-dire, au fond, toutes les variations résultant de la vie elle-même ; ils déclarent que les fluctuations ne sauraient être héréditaires, et, par conséquent, ne laissent aucune trace dans les lignées. Voici comment M. de Vries semble concevoir la formation des espèces :

Les êtres se reproduisent en général semblables à eux-mêmes, par hérédité absolue ; c'est là la règle ordinaire, qui veut que les enfants soient de l'espèce des parents. Mais, de temps en temps, il apparaît, dans l'histoire des lignées, des *périodes* d'affolement, pendant lesquelles les êtres, au lieu de donner des petits de leur espèce sont capables de produire directement, par variation brusque, quelques produits d'espèce différente. C'est ce que le botaniste hollandais a appelé la théorie des *mutations périodiques*. Les périodes de mutation sont rares ; c'est pour cela que s'est établie la croyance générale à la production, par les parents, de rejetons qui sont *de la même espèce*. M. de Vries a eu la bonne fortune de porter son attention sur une espèce, l'*OEnothera lamarckiana,* qui est actuellement en période de mutation et qui peut produire environ 12 types nouveaux toujours les mêmes.

J'ai consacré tout un volume, *La crise du transformisme,* à la discussion de la théorie de de Vries : je n'y reviens donc pas ici. Le fait, que les variations observées sont toujours les mêmes, me fait penser qu'il y a seulement là un cas de polymorphisme spécifique, comme on en connaît tant d'exemples, en cristallographie, par exemple. Je veux seulement vous faire remarquer que la théorie de de Vries repose *sur des faits qui n'ont jamais été observés*. Non pas que je nie les 12 mutations de l'Œnothère ; je fais allusion à une autre partie de la théorie des mutations périodiques. M. de Vries établit cette théorie sur l'*hypothèse* gratuite, que l'Œnothère est actuellement dans une période *anormale* d'affolement. Mais cette période, il ne l'a pas vue commencer ; il ne l'a pas vue finir. Il n'a donc aucunement le droit de dire que c'est une période anormale et que l'Œnothère n'a pas *toujours* la faculté de donner 12 types cristallins — pardon, — 12 types morphologiques différents. Or c'est là-dessus que repose tout son système. Les naturalistes ont fait crédit à de Vries ; ils sont plus exigeants pour Lamarck, dont ils n'acceptent plus l'admirable explication parce qu'ils n'ont pas *assisté* à la variation d'une espèce sous l'influence des conditions de milieu.

Notez bien que je suis loin de nier la possibilité de mutations importantes et fortuites ; mais je ne crois pas au Dieu hasard, et je n'admets pas qu'il accomplisse des merveilles aussi prodigieuses que le veulent les darwiniens. Je ne croirai jamais, par exemple, qu'un lézard ait pu, par hasard donner naissance à un oiseau ; le hasard serait trop providentiel. Mais j'admets, parce que la paléontologie me permet de le croire, qu'un descendant de lézard a pu avoir, par hasard, des ornements cutanés plus légers, des plumes en un mot. Cela ne me paraît pas plus extraordinaire que de voir apparaître brusquement un hêtre à feuilles laciniées dans la descendance d'un hêtre normal; il s'agit là de certaines particularités ornementales qui n'ont rien de providentiel.

Mais, une fois le lézard pourvu de plumes, il a pu s'en servir, comme d'un outil nouveau mis à sa disposition ; et, s'en servant longtemps, il s'est modifié petit à petit, par lamarckisme pur, au point de devenir un oiseau admirablement adapté au vol. Ainsi, *grâce à l'hérédité possible des fluctuations*, une mutation fortuite a pu être le point de départ de toute une lignée nouvelle. En refusant de croire à la transmission héréditaire des caractères acquis par adaptation, les partisans de de Vries enlèvent aux mutations leur principale importance génétique.

Je crois donc à des mutations fortuites non adaptées, et à une adaptation ultérieure par voie lamarckienne. Je ne développe pas ici les considérations relatives au mot *fortuit* parce que je viens de faire l'étude du hasard dans un livre récent (*Le Chaos et l'harmonie universelle*). Les mutations fortuites peuvent être un résultat d'amphimixie ou de traumatisme, un résultat de symbiose nouvellement contractée, un cas de polymorphisme, que sais-je ? Il est probable qu'il y a des mutations de toutes sortes !

M. de Vries a cru réduire à néant, par sa théorie des mutations périodiques, une objection que certains philosophes avaient faite au transformisme. On avait évalué la durée des périodes géologiques, on avait évalué d'autre part la rapidité de l'évolution des êtres, et on avait conclu de ces deux évaluations que le temps aurait manqué aux espèces pour devenir ce qu'elles sont aujourd'hui. Les deux évaluations sur lesquelles était basé ce raisonnement me paraissent aussi fantaisistes l'une que l'autre. De Vries en a fait état, et il a dit : « Voyez, l'évolution continue n'aurait pu se faire dans un temps aussi court. Grâce à mes sauts brusques, l'objection n'a plus de portée. » Je le répète, je n'attache aucune valeur scientifique aux nombres sur lesquels est établie l'objection en question, mais je trouve, dans des considérations biologiques lamarckiennes, un moyen de rassurer ceux que cette objection aurait pu impressionner.

En admettant que nous ayons une méthode pour mesurer la rapidité de l'évolution d'une espèce, nous ne pourrions, en tout cas, mesurer cette rapidité que dans les conditions *actuelles* ; pour conclure de cette mesure à la durée totale de l'évolution des êtres, il faudrait admettre que cette rapidité *a été constante au cours des temps*. Or, j'ai des raisons de croire que les patrimoines héréditaires deviennent de plus en plus stables, de moins en moins variables, à mesure que les variations s'accumulent dans les espèces, autrement dit à mesure que les espèces vieillissent. Si vous acceptez ma manière de voir, vous trouverez qu'il ne reste rien du raisonnement par lequel de Vries a montré la nécessité de l'évolution discontinue[1].

[1]. Je ne reproduis pas ici la suite de la conférence ; elle était le résumé de mon livre *La stabilité de la vie*.

VII

RÉPONSE A QUELQUES OBJECTIONS PORTANT SUR DES QUESTIONS DE MÉTHODE[1]

Je n'émettrai pas une pensée bien neuve en affirmant que les hommes n'aiment pas à « reviser leurs convictions », comme disait le bon Huxley à propos de l'œuvre de Darwin. Et lorsque paraît un ouvrage comme « l'Origine des espèces », qui menace de troubler profondément notre quiétude, les amoureux de la tradition s'ingénient à tirer, des pages mêmes de l'auteur révolutionnaire, des raisons de ne pas abandonner les vieilles manières de penser auxquelles une longue prescription a valu notre amour et notre respect. Ce que nous savons de l'histoire de l'humanité nous montre, en effet, que tout changement brusque dans nos conceptions philosophiques a été suivi bientôt d'un mouvement de réaction en sens inverse ; à toute révolution a succédé une contre-révolution, et ce régime oscillatoire me paraît inhérent à la

1. *Revue du Mois*, juin 1911.

nature même de l'homme. Peut-être faut-il y voir une conséquence de la stabilisation progressive des espèces ; le propre des mouvements vibratoires est de résulter fatalement d'un écart brusque qui a troublé l'équilibre d'un système de corps sans en détruire les liaisons. Un écartement modéré des branches d'un diapason détermine ce diapason à donner le *la* ; le même écart eût causé, dans une lame de plomb, une déformation permanente ; l'homme actuel se comporte, vis-à-vis des nouveautés révolutionnaires, comme le diapason et non comme le morceau de plomb, parce que les révolutions intellectuelles troublent son équilibre sans le détruire.

La seconde moitié du XIXe siècle a vu se dessiner la lutte la plus solidement organisée contre les vieilles croyances humaines ; Pasteur, Claude Bernard et Darwin ont fondé définitivement la biologie, que Lamarck avait dessinée cinquante ans auparavant sans réussir à créer un mouvement d'opinion. J'ai commencé à penser, il y a une trentaine d'années, à une époque où, cédant à la pensée irrésistible de ces hommes extraordinaires, le monde tout entier semblait lancé dans une voie exclusivement scientifique ; on avait fait, suivant l'expression chère à Pasteur, *table rase* de toutes les idées préconçues et de toutes les préférences sentimentales, ce qui est la définition même de la méthode de la science. Aujourd'hui, après trente ans, je ressens encore l'influence bienfaisante de l'enthousiasme qui animait alors l'humanité, mais je m'aperçois, chaque jour, que j'ai été lancé plus loin que mes congénères ; la plupart, obéissant aux lois pendulaires qui régissent l'évolution des masses humaines, ont commencé la marche rétrograde dont je n'ai pas encore senti en moi la nécessité ; je la sentirai peut être un jour, si je deviens vieux !

C'est dans les œuvres mêmes des hommes qui ont donné l'impulsion en avant, que les partisans du recul cherchent des raisons de reculer. Et ces raisons, ils les trouvent aisément, parce que, si grands qu'aient été les maîtres de la science contemporaine, la Nature en a fait des hommes comme les autres ; la Nature a développé en eux, à côté de l'admirable outil scientifique qui les a mis hors de pair, une sentimentalité, une faiblesse purement humaines. Renan, alors même qu'il ruinait les dogmes fondamentaux de l'Église catholique, se sentait au cœur une profonde tendresse pour l'*alma mater,* dans le sein de laquelle il eût voulu rester malgré ses opinions subversives. Pasteur, établissant par des expériences inattaquables les fondements éternels de la science biologique, cette science destructive de toutes les traditions, faisait profession du spiritualisme le plus pur dans des discours qui ont été reproduits partout. Claude Bernard, osant introduire dans l'étude de la physiologie humaine la méthode rigoureuse des sciences physiques, laissait la porte ouverte au mysticisme en mettant en dehors des lois naturelles la production de la forme des êtres vivants.

Darwin réussissant à vulgariser l'idée transformistes que Lamarck n'avait pas su imposer au monde, ruinait d'avance le transformisme en proposant, pour expliquer l'hérédité, la théorie puérile des gemmules.

A l'époque où j'ai commencé mes études, je voyais se dessiner, chez mes maîtres et chez mes contemporains, un besoin impérieux de continuer la besogne de ces grands fondateurs en élaguant de leur œuvre le côté personnel, le côté sentimental ; aujourd'hui tout est changé ! Ce que l'on cherche maintenant dans les ouvrages de Pasteur, de Claude Bernard, de Darwin, ce n'est plus l'or pur qu'ils contenaient, c'est la gangue humaine qui entourait cet or pur, et dont la présence apporte au désir actuel de recul l'autorité des plus grands noms de la science.

A vrai dire, cette gangue ne se trouve pas dans les travaux de Pasteur ; son œuvre de savant servira éternellement de modèle aux chercheurs ; jamais il n'a tiré de ses expériences que les conclusions qu'il était en droit d'en tirer ; c'est dans des discours littéraires et non dans ses mémoires scientifiques, qu'il a exposé ses préférences sentimentales pour telle ou telle philosophie ; il a d'ailleurs pris la précaution, dans l'un d'eux, de dire que chez lui l'homme était distinct du savant.

Chez Claude Bernard et chez Darwin, la chose est plus grave ; c'est dans leur œuvre scientifique même que se trouvent les erreurs, voulues ou involontaires, par lesquelles cette œuvre devait être rendue stérile, par lesquelles, du moins, devait être compromis ou retardé le mouvement intellectuel qu'ils avaient inauguré.

Transformée par son élève Weissmann, la théorie des gemmules de Darwin domine aujourd'hui toute la biologie; elle empêche que les naturalistes soient des hommes de science, en leur fournissant un langage commode qui annihile tout essai de méthode scientifique. Tout récemment encore, un professeur d'une Faculté française, vient de publier sur l'origine des espèces, un livre dans lequel on peut constater les ravages intellectuels dus à l'emploi courant de la langue des caractères-unités.

Les procédés expérimentaux ayant fait de grands progrès depuis cinquante ans, on discute aujourd'hui bien des résultats des travaux de Claude Bernard; en revanche, on continue à enseigner comme un dogme intangible, une affirmation gratuite qu'il a émise un jour sans preuve, soit parce que, effectivement, il n'avait pas pensé qu'elle fût la négation même du phénomène vital, soit parce que, soucieux de ne pas heurter de front les opinions admises, il avait voulu laisser croire à l'impossibilité d'une explication purement physique de la vie. Dans une phrase devenue célèbre, il a séparé la matière de la forme; il a admis que le fonctionnement des êtres vivants détruit la matière vivante, et qu'ensuite, une activité mystérieuse intervient pour régénérer cette matière, pour lui imposer une forme choisie à l'avance par l'éternel architecte. Il a été conduit ainsi à cette prodigieuse absurdité, que l'on propose toujours à l'admiration des jeunes générations : « La vie c'est la mort », c'est-à-dire « la vie est la négation de la vie ». Voilà quinze ans que je m'élève avec indignation contre ce défi au bon sens ; les faits de sérothérapie ont fourni une démonstration merveilleuse de l'absurdité de la destruction fonctionnelle ; mais je dois me résigner ; on l'enseignera toujours !

*
* *

Les essais d'explication mécanique des phénomènes vitaux, accueillis avec une certaine faveur à la fin du siècle dernier, me paraissent, aujourd'hui, de plus en plus battus en brèche dans une grande partie, au moins, du public cultivé. Je n'ai pas la prétention d'arrêter le mouvement de recul qui se dessine depuis quelques années ; je sais que le régime oscillatoire est dans la nature de l'homme comme dans celle du pendule. Mais puisque je ne suis pas encore atteint par ce besoin universel de retour en arrière, je voudrais montrer, dans cette étude, combien sont peu solides les arguments que l'on invoque contre le mécanisme ; on ferait mieux d'avouer simplement que, en ce moment, la mode a changé.

Ces arguments sont empruntés, d'une part, à

des considérations énergétiques (question de la liberté humaine), d'autre part, à l'origine de l'homme (transformisme et hérédité des caractères acquis), d'autre part encore, à des considérations psychologiques. En réalité, ils prouvent seulement que la vérité scientifique n'est pas agréable, en ce moment, à la majorité des hommes.

A. — *Énergie et liberté.*

Notre liberté est la chose à laquelle nous tenons le plus ; je ne parle pas de notre liberté sociale, je parle de notre liberté au sens de Renouvier ; aucun de nous ne se résignera jamais à ne pas être « capable d'introduire dans le monde des commencements absolus ». Je ne suis pas fait autrement que les autres hommes, et j'aurais été fier de me sentir libre ; je me résigne péniblement à apprendre que je suis simplement un transformateur d'énergie ; peut-être, dans quelques années, ne m'y résignerai-je plus, et prendrai-je ma place dans le mouvement de réaction contre la sévérité des notions scientifiques ; en attendant, ma raison l'emporte sur mon sentiment, et, ne pouvant croire logiquement à la liberté d'individus dont toute l'activité est soumise à un déterminisme rigoureux, je me contente de m'expliquer de mon mieux l'illusion de liberté dont nous sommes tous victimes, non seulement dans l'espèce humaine, mais, je pense aussi, dans toutes espèces animales bien individualisées. J'ai donné cette explication ailleurs[1], je n'y reviens pas ici.

Ceux qui, étant au courant des travaux des physiologistes, n'ont pas la prétention d'affirmer que les animaux font du travail avec rien, se rabattent sur la question d'aiguillage, de choix dans la détermination ; mais, en vertu du premier principe de Carnot[2], aucun aiguillage ne peut se faire sans une dépense d'énergie ; les partisans de la liberté absolue se retranchent derrière le fait que cette dépense d'énergie, que la volonté de l'animal fournirait sans l'emprunter à aucune source d'énergie préexistante, est assez faible pour passer inaperçue devant nos instruments de mesure. Il n'en resterait pas moins, si la liberté animale était admise, que les animaux introduiraient dans le monde des provisions d'énergie créées de toutes pièces et non empruntées à des sources d'énergie préexistantes. Voici un raisonnement, ou, si l'on préfère, un projet d'expérience, qui me paraît suffisant pour réduire à néant la possibilité d'une telle croyance.

Je pourrais à la rigueur partir d'une spore de moisissure ou de cryptogame quelconque, dans le raisonnement que je vais exposer, puisqu'aussi bien, la spore, n'étant pas en train de vivre, peut être considérée à bon droit comme n'apportant,

---

[1]. En particulier dans *Science et Conscience*.

[2]. Voyez dans *La stabilité de la vie* ce qu'il faut entendre par le premier principe de Carnot.

dans le phénomène auquel elle va prendre part, que sa provision d'énergie chimique ou colloïde ; mais il n'en reste pas moins que la spore est dite *vivante,* et que, pour les mystiques, ce mot suffit à laisser supposer dans le corpuscule en question, des propriétés occultes auxquelles le chimiste n'a rien à voir. Au lieu de partir d'une spore, je vais donc partir de deux gamètes *mûrs,* c'est-à-dire de l'élément sexuel mâle et de l'élément sexuel femelle d'une espèce vivante dans laquelle la maturation se produit totalement ; on verra, tout à l'heure, pourquoi je fais cette restriction.

Je choisis donc un milieu bien limité et contenant tous les éléments, tant physiques que chimiques, qui sont nécessaires à la vie de l'espèce considérée ; ce milieu est séparé en deux parties par une cloison mobile ; d'un côté de la cloison je place des spermatozoïdes *mûrs,* de l'autre des ovules *mûrs.* A ce moment, j'évalue la valeur énergétique tant à l'échelle colloïde qu'à l'échelle chimique de *tous* les éléments qui sont à l'intérieur du contour limitant le milieu. Cela est possible, puisque le milieu ne contient aucun élément vivant ; les gamètes mûrs ne sont pas vivants, pas plus que ne sont producteurs de courant électrique les pôles positif et négatif d'une pile de Bunsen, quand ces pôles sont séparés dans deux récipients différents. J'ai donc seulement, au moment considéré, dans le contour limitant le milieu, une provision d'éléments colloïdes dont la valeur énergétique est définie.

Pendant toute l'expérience que je vais décrire, je ne laisserai pénétrer dans le milieu, ni sortir du milieu aucune quantité d'énergie, ou plutôt, car cette condition serait difficile à réaliser, je me placerai dans des circonstances expérimentales telles que je puisse connaître à chaque instant les quantités d'énergie qui entrent dans le milieu ou qui en sortent, sous forme de radiations thermiques, par exemple.

Cela posé, je déplace ma cloison mobile, en tenant compte de l'énergie dépensée dans ce mouvement ; les gamètes de sexe contraire s'attirent et se fusionnent ; de la vie *apparaît* dans un milieu où elle ne préexistait pas. Je n'étudie pas cette vie ; je me contente de noter ce qui entre et ce qui sort, en fait d'énergie pendant toute la durée de l'expérience.

Au bout d'un temps plus ou moins long, le milieu étant limité, toute vie aura disparu ; tous les êtres qui seront nés des fécondations entre gamètes de sexe contraire seront morts, faute d'aliments renouvelés, ou grâce à l'accumulation nuisible des substances excrémentitielles. A partir de ce moment, il n'y aura plus, dans le contour, que des substances colloïdes ou chimiques dont la valeur énergétique peut se mesurer.

Je n'ai pas à savoir ce qui s'est passé pendant la durée de mon expérience ; du moment que je connais l'état initial et l'état final, je suis certain que la quantité d'énergie localisée dans le milieu à la fin de l'observation sera égale à la quantité d'énergie initiale, augmentée des apports énergétiques reçus de l'ambiance, et diminuée de la quantité d'énergie rayonnée vers l'ambiance. Et cela sera vrai indépendamment des phénomènes intermédiaires ; cela sera vrai, soit que j'aie déplacé ma cloison mobile, de manière à permettre les fécondations et l'apparition de la vie, soit que que n'y aie pas touché, et que j'aie laissé les ovules et les spermatozoïdes se détruire chimiquement sans fécondation aucune. Du moment que je serai parti d'un état purement chimique pour revenir à un état purement chimique, je n'aurai pas, je le répète, à m'occuper des phénomènes intermédiaires pour établir mes équations énergétiques ; je suis donc certain que la période limitée de vie qui aura été réalisée dans le contour n'aura pas *introduit, dans le milieu, des quantités d'énergie,* si minimes soient-elles, *qui auraient été créées de toutes pièces sans égard aux principes d'équivalence.*

Que faut-il pour que ce raisonnement soit valable ? Uniquement que le phénomène vital ait pu apparaître et disparaître dans un milieu où ne se trouvaient, avant cette apparition et après cette disparition, que des substances chimiques dépourvues de vie. Mais, justement, mon interprétation du phénomène sexuel, ma manière d'envisager comme *morts* les gamètes mûrs, n'est pas admise sans discussion ; dans un numéro récent de la *Revue Scientifique*[1], Mme A. Drzewina a attaqué

---

1. 14 janvier 1911, p. 60.

mon interprétation de la fécondation avec des arguments spécieux; cette question me paraissant philosophiquement très importante, je vais m'y arrêter un instant.

*
* *

Voici d'abord les arguments de la *Revue Scientifique* :

« M. Le Dantec, en partant des principes qu'il a établis, a conclu que les éléments sexuels mûrs ne sont pas vivants. Sont venues les célèbres expériences de parthénogénèse artificielle. Les principes de la biologie déductive ont permis immédiatement à M. Le Dantec de prendre une attitude sceptique vis-à-vis de cette découverte. Puisque les œufs mûrs sont morts, *il est impossible de les féconder artificiellement*. Si Lœb a obtenu des développements, c'est qu'il a opéré sur des œufs qui n'étaient pas mûrs, qui n'étaient pas femelles; c'étaient des cellules complètes. En les immergeant dans le liquide salin, Lœb les a empêchés de mûrir, c'est-à-dire de mourir; elles n'ont pas eu besoin d'être fécondées; n'étant pas mortes, elles ont naturellement vécu quand on leur a fourni un milieu convenable. Or, si ce raisonnement est exact en principe, il n'est pas tout à fait d'accord avec les faits. Lœb insiste expressément sur ce que les œufs d'oursin, dans ses expériences, étaient mûrs, car ce n'est qu'après qu'ils ont présenté les phénomènes classiques de la maturation (expulsion des globules polaires, réduction chromatique) qu'il a pu les inciter à se développer par les procédés artificiels. Mieux : il montre que les œufs d'une Astérina qui ne sont pas mûrs au moment où on les extrait de l'ovaire ne peuvent pas être fécondés artificiellement..... Je sais que M. Le Dantec n'attache aucune importance aux phénomènes morphologiques de la maturation; mais..... l'œuf est mûr quand il est apte à être fécondé, quand il est prêt à recevoir le spermatozoïde. »

J'ai souligné, dans cette citation une phrase qui n'exprime pas du tout ma pensée : « Puisque les œufs mûrs sont morts, il est *impossible* de les féconder artificiellement. » C'est là une *opinion* que je n'ai jamais exprimée, et qui n'irait pas à un partisan de la possibilité des générations spontanées. Or, si je crois que la génération spontanée est possible, je crois aussi qu'elle est difficile à réaliser. Quand on a parlé des *radiobes* formés par le radium dans la gélatine, je n'ai pas nié la possibilité du phénomène ; je me suis seulement étonné de la facilité avec laquelle l'expérimentateur anglais disait les avoir obtenus ; j'ai même émis l'hypothèse que l'action du radium avait été seulement de ressusciter des microbes morts[1] ; je n'aurai donc jamais la témérité d'affirmer qu'il est *impossible* de vivifier artificiellement des œufs morts. Mais, la méthode de Lœb semblant s'appliquer à un très grand nombre de cas, et, d'autre part, la manipulation qu'il fait subir aux ovules étant extrêmement simple, j'ai pensé qu'il serait bien étonnant de voir fabriquer de la vie à si bon marché ; il m'a donc paru préférable de chercher d'abord si une autre interprétation du phénomène ne serait pas possible, et je trouve, encore aujourd'hui, que mon idée de la suspension du phé-

1. *La lutte universelle*, § 54.

nomène maturation par les immersions de Lœb reste applicable dans tous les cas.

Mme Drzewina dit que je n'attache « aucune importance aux phénomènes morphologiques de la maturation ». Ce serait là de ma part une attitude bien peu scientifique. J'ai consacré tout un chapitre de mon *Traité de biologie* à la constatation de l'admirable généralité des karyokinèses singulières, et je considère un fait biologique comme d'autant plus important qu'il est plus général. Mais, en comparant les époques où se produisent, dans les diverses espèces vivantes, la maturation d'une part, et les karyokinèses singulières d'autre part, j'ai été amené à conclure que l'on a tort de considérer les karyokinèses singulières comme étant « les phénomènes morphologiques de la maturation ». Chez l'oursin, la maturation ne *commence* qu'après l'expulsion du second globule polaire ; chez l'ascaris, elle se produit avant l'expulsion du premier. Lœb insiste sur ce que les œufs d'oursin étaient mûrs (expulsion des globules polaires) et que ce n'est qu'alors qu'il a pu les inciter à se développer artificiellement. Cela n'a rien qui puisse m'étonner, au contraire. La maturation, disais-je tout à l'heure, ne *commence* chez l'oursin qu'après l'expulsion du second globule polaire ; si, comme je le crois, le phénomène de Lœb a pour effet de *suspendre la maturation,* il faut bien, pour qu'il puisse se produire que la maturation soit *commencée.* Il y a entre nous seulement une différence de langage ; il appelle mûrs les ovules que je considère

comme étant *en train de mûrir*; et cette divergence
tient à ce que, contrairement à mon opinion, il
considère la maturation comme un phénomène
morphologique, alors que je suis convaincu que
la maturation est un phénomène chimique, et que
le microscope ne le met pas en évidence.

L'œuf est mûr, dit Mme Drzevina, quand il est
apte à être fécondé. Ce langage ne permettrait pas
de concevoir qu'il y eût des degrés dans la maturation, qu'un œuf pût être *plus ou moins mûr*, ce
qui, au contraire, est pour moi une nécessité évidente. Voici un lot d'œufs ; tous sont aptes à être
fécondés par des spermatozoïdes ; ils sont donc
au moins partiellement femelles. Mais si on les
laisse à eux-mêmes sans fécondation, quelques-uns
restent intacts, d'autre manifestent un commencement de développement parthénogénétique. On ne
m'empêchera pas de croire qu'il y a des différences
entre ces œufs, et que ces différences tiennent à
leur degré de maturité. Ceux qui sont incomplètement mûrs sont comparables aux ovules d'abeilles,
c'est à-dire qu'ils sont capables, soit de se développer spontanément grâce à la partie vivante qu'ils
contiennent, soit d'attirer un spermatozoïde qui
féconde leur partie devenue femelle. On reconnaît
au contraire ceux qui sont complètement mûrs
à ce que, sans le secours du spermatozoïde, ils
sont incapables d'assimilation. Et par conséquent,
le mot *mûr* n'a pas un sens suffisamment précis, si
l'on décide, comme le propose Mme Drzewina,
qu'un œuf est mûr quand il est apte à être fécondé

Ma maladie de la continuité m'oblige, encore ici, à heurter de front les opinions ordinaires des naturalistes, comme cela m'est déjà arrivé pour les mutations et l'hérédité mendélienne. Pour ceux qui sont habitués au langage discontinu de Weismann, il est tout naturel de penser que telle qualité, présente dans une cellule, disparaît brusquement au moment où disparaît la particule qui la représente. Et si l'expulsion des globules polaires avait été, comme l'a supposé Van Beneden, l'expulsion de la partie mâle de la cellule, la maturation, qui rend un œuf sexué, aurait été en effet un phénomène brusque. Aujourd'hui on sait que Van Beneden s'est trompé, et que la maturation est quelque chose d'invisible. Je pense que c'est un phénomène chimique, une fonte unilatérale, et que ce phénomène se passe petit à petit, puisqu'il conduit les divers œufs d'une même espèce à des degrés de maturité différents. Je constate d'ailleurs, comme je l'ai fait remarquer abondamment dans mon *Traité de biologie*, que, chez beaucoup d'espèces animales, la maturation femelle est rarement complète ; elle l'est cependant quelquefois, comme le prouve l'existence d'œufs fécondables qui, sans le secours du mâle ne se segmentent jamais. C'est à l'un de ces œufs *parfaitement mûrs* que j'ai recours pour mon raisonnement énergétique de tout à l'heure. Ces œufs parfaitement mûrs sont parfaitement morts : mais d'autres œufs, qui sont mûrs au sens où l'entend Mme Drzewina, parce qu'ils ont commencé à devenir femelles, sont cependant capables de parthénogénèse, parce qu'étant partiellement mûrs ils ne sont que partiellement morts. Il s'agit seulement de s'entendre sur la signification du mot mûr ; je demande, à ce sujet, plus de précision que les naturalistes n'ont accoutumé d'en exiger. Quant aux gamètes mâles, il semble que leur maturation soit ordinairement complète, et qu'eux au moins soient presque toujours morts. La manière de raisonner de Lœb et de ses élèves conduirait à attribuer au sexe femelle une véritable prépondérance sur le sexe mâle, alors que les considérations les plus synthétiques de la biologie établissent chaque jour plus solidement l'équivalence des deux sexes dans la fécondation et la transmission des propriétés héréditaires.

.*.

Cette question éclaircie, je reviens à mon raisonnement de tout à l'heure : Dans un milieu limité, où je sais tout ce qu'il existe d'énergie initiale, et où je sais mesurer d'autre part tout ce qu'il entre d'énergie rayonnée pendant le temps de mon observation, je n'ai à tenir compte que de l'état initial et de l'état final pour établir mes équations énergétiques. Or, entre le commencement et la fin de mon observation, la vie a apparu, puis disparu, dans mon milieu limité ; donc je suis certain que la vie n'a pas créé de toutes pièces, sans respect pour les principes d'équivalence, la plus petite quantité d'énergie. Ce raisonnement me semble inattaquable ; on me montrera, je l'espère, par quel côté il peut être attaqué. Un ami à qui je l'ai communiqué m'a fait cette objection :

Pourquoi le corps vivant, en mourant, ne ferait-il pas disparaître, de la somme totale des énergies du milieu, précisément la quantité d'énergie surajoutée qu'il y a introduite pendant sa vie? La somme serait constante, et les équations énergétiques n'en seraient pas troublées, du moment qu'on envisagerait seulement l'état initial et l'état final. Cette objection qui m'a d'abord fait rire par son étrangeté, et que j'ai crue un instant trop mystérieuse pour qu'une réponse pût la réduire à néant m'a cependant paru ensuite très facile à réfuter :

Un être vivant ne meurt pas où il a vécu ; il parcourt un certain chemin dans le milieu en laissant partout des traces de son passage, et ces traces sont définitives, c'est-à-dire qu'elles ne dépendent pas de lui et ne disparaissent pas par le fait qu'il meurt. C'est donc entre l'être vivant *et le milieu où il se trouve au moment de sa mort,* qu'aurait lieu l'échange final d'énergie qui remettrait les choses en état, et permettrait la vérification des principes d'équivalence ; tous les changements introduits, pendant la vie de l'être, en d'autres points du milieu, seraient respectés, mais l'animal emprunterait localement pour mourir, précisément la quantité totale d'énergie qu'il aurait introduite précédemment dans le monde sous forme d'aiguillages, sous forme de choix, sous forme de libres volitions. Fort bien, mais alors, chacun de ces aiguillages, chacune de ces manifestations d'une volonté extraphysique, s'inscrivait en déficit dans l'individu au moment de sa production ; cela est indispensable, puisque l'individu portait *en lui*, au moment de sa mort, le total de ce déficit. Et s'il y a inscription en déficit, dans le corps de l'animal, de la quantité d'énergie utilisée pour un aiguillage volontaire, c'est donc que cet aiguillage volontaire satisfait aux lois générales de l'énergétique, et n'est pas en contravention avec les principes d'équivalence. Que des excès ou des défauts d'énergie puissent s'inscrire, dans un individu vivant, sous forme de tension de ressorts colloïdes, cela n'est pas pour nous étonner : nous savons au contraire qu'un souvenir a une valeur énergétique. Et voilà l'objection à bas !

« Mais, dira-t-on, nous n'avons jamais prétendu que les bactéries ou les protozoaires soient libres ; vous faites un raisonnement sur des êtres inférieurs que vous étudiez dans un bouillon de culture, et vous l'appliquez à l'homme ; de l'homme au microbe, il y a plus d'un hiatus ! »

Je pourrais répondre à cela que les partisans de la liberté humaine n'ont pas toujours refusé cette liberté aux êtres unicellulaires ; plusieurs au contraire, et des plus autorisés, ont accordé la liberté aux protozoaires pour être sûrs qu'on ne la leur refuserait pas à eux-mêmes ; car si l'on bat en brèche aujourd'hui la croyance à la continuité de l'évolution, on ne paraît pas encore bien sûr que les *hiatus* seront longtemps des hiatus! Dans une conférence à la ligue contre l'athéisme [1], M. Armand Gautier démontrait la liberté des amibes par des considérations énergétiques. J'ai discuté ailleurs [2] les arguments du savant professeur; je n'y reviens pas ici.

D'ailleurs, dans le raisonnement énergétique que je faisais tout à l'heure, je n'ai aucunement spécifié que les êtres dont j'étudiais l'évolution dans un milieu limité étaient des êtres inférieurs; il suffirait, pour que mon raisonnement fût valable, que ces êtres pussent provenir d'une fécondation entre éléments sexuels parfaitement mûrs, c'est-à-dire parfaitement morts. Mais, précisément, l'homme remplit cette condition; je n'hésite pas à considérer comme rares les cas de pathénogénèse observés dans l'espèce humaine; il y a vraisemblablement des œufs humains qui mûrissent totalement. Et par conséquent, malgré la vie parasitaire du début (la mère en état de gestation n'étant pour le fœtus, qu'un élément du milieu ambiant), je puis considérer dans le monde un milieu fermé, dans lequel se vérifie la conservation de l'énergie quoique des hommes y soient *nés* et morts. Ainsi la question de savoir si des gamètes peuvent être complètement mûrs prend une importance philosophique considérable, parce que, résolue dans le

---

1. *Revue générale des sciences*, 15 avril 1897.
2. *L'Individualité et l'erreur individualiste*. Paris, librairie F. Alcan.

sens de l'affirmative, elle permet de dire que la vie *apparaît* dans des milieux où il n'y avait que des substances mortes.

B. — *Le transformisme et l'hérédité des caractères acquis.*

Quoique n'ayant aucune raison de ne pas appliquer directement à l'homme les considérations que je proposais tout à l'heure au sujet d'une espèce sexuée quelconque dont les gamètes mûrissent totalement, j'ai assez de confiance dans le transformisme pour me dire que le principe de la conservation de l'énergie, démontré vrai chez une espèce vivante choisie au hasard s'étendra fatalement, par continuité, à toutes les espèces vivantes. Le transformisme lamarckien, si attaqué de nos jours, est pour moi l'évidence même. Je ne connais pas de loi physique qui me paraisse plus solidement établie; mais cela tient à ce que je me permets de me servir, dans l'étude des sciences naturelles, de la machine déductive qui est en moi. Personne ne met en doute le principe de Newton, quoiqu'aucune vérification *directe* de ce principe n'ait été faite. On n'a jamais mesuré, avec un dynamomètre l'attraction entre la Lune et la Terre, mais on a vérifié la loi de l'attraction universelle par des *conséquences* de cette attraction ; c'est d'ailleurs des nombres qui mesuraient ces conséquences que Kepler a tiré ses lois dont Newton a donné ensuite une admirable synthèse. De même, on n'a jamais vu une espèce varier ; j'ai essayé de montrer récemment[1] que le moment où une espèce varie doit, morphologiquement, passer inaperçu, et cependant la variation des espèces suivant le mode lamarckien me paraît aussi solidement établie que le principe de Newton. Pourquoi refuserait-on de faire en sciences naturelles les raisonnements déductifs que l'on fait en physique ? La seule raison en est, à mon avis, que les vérités biologiques sont plus dangereuses que les vérités physiques pour la quiétude de l'homme, animal traditionaliste par excellence. Tout ce qu'on écrit contre le transformisme est considéré comme œuvre pie, et applaudi par les « honnêtes gens ». Pour ma part, depuis vingt ans que j'étudie l'évolution des espèces, je dois avouer que toutes les objections faites au transformisme lamarckien n'ont servi qu'à me rendre ce transformisme plus cher, en me montrant le piteux échec de toutes les attaques dirigées contre lui. Je ne puis pas tolérer qu'on traite le transformisme d'*hypothèse*, et je sais que beaucoup de professeurs de philosophie l'enseignent comme une hypothèse abandonnée n'ayant plus qu'un intérêt historique ! Les naturalistes ne vont pas encore jusque-là ; ils professent en apparence le transformisme, mais un transformisme incapable d'expliquer l'origine de l'homme, stérilisé qu'il est par la négation de la transmission héréditaire possible des caractères

---

1. *La stabilité de la vie, op. cit.*

acquis. C'est la théorie antiscientifique des particules représentatives qui est cause de tout le mal. J'ai déjà rompu bien des lances contre cette théorie, mais j'ai perdu mon temps ; voici cependant encore une comparaison nouvelle qui réussira peut-être à en montrer l'invraisemblable absurdité :

L'être adulte provient de l'œuf, cela est entendu, mais il contient autre chose que l'œuf ; un homme qui pèse soixante-dix kilogrammes ne provient pas exclusivement d'un œuf qui pèse beaucoup moins d'un gramme. Donc, à chaque instant de son évolution, il intervient, dans sa construction, des éléments étrangers à l'œuf ; on donne le nom d'éducation à l'ensemble des contingents apportés successivement par le milieu dans l'histoire évolutive d'un individu. Cette éducation joue un rôle indéniable dans la construction de l'être, quoique, si la vie continue, l'hérédité de l'œuf trace d'avance le cadre spécial dans lequel se déroulera cette évolution ; il est bien certain, par exemple, que l'œuf ne contient pas d'avance les raisons qui font qu'un enfant apprendra l'anglais ou l'allemand, ni même qu'il sera un paisible bureaucrate ou un navigateur hardi. L'histoire d'un individu est l'histoire d'un *phénomène qui continue,* d'un contour qui se déforme dans le monde, sous l'influence de facteurs qui sont en lui *et de facteurs étrangers à lui.* On peut en dire autant de n'importe quelle partie découpée dans le monde par un contour arbitrairement choisi, le bassin du Rhône, par exemple ; le bassin actuel du Rhône provient de ce qu'était le bassin du Rhône il y a quatre mille ans, et des phénomènes météorologiques qui s'y sont passés depuis lors. Du moment qu'il n'y a pas eu, depuis cette époque, de cataclysme géologique faisant effondrer les montagnes anciennes ou en suscitant de nouvelles, on peut conserver le même nom de « bassin du Rhône » à cette partie découpée dans le monde par le régime de la distribution des eaux. C'est cette condition « absence de cataclysme », qui correspond à la conservation de la vie (absence de mort) dans l'histoire évolutive d'un individu issu d'un œuf. Un observateur assez avisé, aurait pu prévoir, il y a quatre mille ans, quelques-uns des événements qui se sont passés depuis, dans le bassin du Rhône ; il aurait pu prévoir en particulier que, sauf cataclysme imprévu, le Rhône continuerait à se jeter dans la Méditerranée ; il aurait pu deviner aussi que l'apport des alluvions par le courant du fleuve transformerait son estuaire en un delta ; mais il n'aurait pu fixer les détails de cette transformation dans laquelle les tempêtes et les pluies *venant d'ailleurs* devaient intervenir de leur côté. L'évolution géographique devait donc se produire dans un cadre tracé à l'avance, mais sous l'influence de facteurs imprévus. De même l'évolution d'un être vivant doit se produire sous peine de mort, dans un cadre tracé à l'avance par l'hérédité de son œuf, mais avec des détails qui proviendront de son éducation.

La théorie des particules représentatives transportée du domaine biologique dans le domaine géographique reviendrait à dire que, *dans l'estuaire du Rhône, observé il y a quatre mille ans, il y avait des particules invisibles représentant la forme du delta actuel!*

Voilà comment les partisans de Weismann traduisent le fait que, sous peine de mort, la structure actuelle de l'œuf détermine les grandes lignes du cadre dans lequel évoluera l'individu issu de l'œuf. Il me semble qu'en appliquant leur langage à la narration de l'histoire d'un phénomène quelconque qui continue, on en rend l'absurdité palpable ; je n'ose croire cependant que cette absurdité éclate aux yeux des naturalistes comme elle s'est, depuis longtemps, manifestée aux miens, car dans un livre paru en 1911, M. Cuénot[1] utilise encore le langage des déterminants de manière à laisser croire qu'aucun autre langage n'est applicable à la narration des phénomènes vitaux. Il est naturellement amené, par ce langage même, à nier avec Weismann, l'hérédité des caractères acquis, et à déclarer que « dans l'état actuel de nos connaissances », cette hérédité des caractères acquis est « inconcevable ! » Je crois en effet que cette attitude est fatale chez quelqu'un qui parle le langage des gemmules ou des déterminants[2],

---

1. La *Genèse des espèces animales*. Paris, librairie F. Alcan, 1911.
2. Dans la revue *Biologica* (avril 1911), M. Cuénot montre que ses *déterminants* diffèrent de ceux de Weismann ; mais du moment qu'ils le conduisent à nier l'hérédité des caractères acquis par adaptation au

et c'est pour cela que ce langage, outre qu'il est scientifiquement ridicule, me semble en outre philosophiquement très dangereux. Loin de croire, en effet, avec M. Cuénot, que l'hérédité des caractères acquis est inconcevable, je trouve, en appliquant simplement aux phénomènes biologiques le langage des sciences physiques, que ce phénomène fondamental dans l'histoire de la vie n'est qu'un cas particulier d'une loi extrêmement générale, que l'on appelle en physique la loi de *Lenz* et quelquefois la loi de *Le Chatelier,* loi que j'ai formulée dans un petit livre récent[1] sous une forme, anthropomorphique il est vrai, mais très saisissante :

La nature a horreur de la contrainte[2].

La théorie des particules représentatives est d'ailleurs la négation évidente du transformisme même ; et je me demande quelle attitude peut prendre un négateur de l'hérédité des caractères acquis devant le phénomène merveilleux qu'est l'éclosion d'un poussin armé de pied en cap pour la vie ! Sans doute, il est contraint d'adopter le vieux créationnisme que rendent inadmissibles les

---

milieu, ils le classent avec Weismann dans la catégorie anti-lamarkienne de ceux qui croient aux *caractères-unités.* (V. plus haut, p. 191 et p. 192).

1. *Le Chaos et l'Harmonie universelle.* Paris, F. Alcan, 1911.

2. On pourrait donner à cette loi une forme plus acceptable en l'énonçant ainsi :

« Toute contrainte prolongée a pour résultat des transformations fatales qui en diminuent l'importance et tendent à l'abolir. »

découvertes paléontologiques ; mais c'est là précisément une cause de succès à l'époque actuelle ; les particules représentatives triomphent, parce qu'elles font abandonner Lamarck pour revenir à Moïse !

C. — *Les études de psychologie animale.*

Dans un article écrit il y a trois ans[1], j'avais constaté avec regret l'attitude, peu favorable à la théorie des variations continues, d'un physiologiste de grande valeur, le D' G. Bohn, auteur d'un livre intitulé *La naissance de l'intelligence,* dans lequel je relevais des phrases comme celle-ci : « Il y a un hiatus entre l'intelligence des animaux et l'intelligence humaine ; je ne crois pas que nous soyons prêts à combler ce hiatus. »

Depuis cette époque, le même auteur a publié, outre une fort intéressante notice sur ses travaux scientifiques, un petit volume de la bibliothèque de philosophie contemporaine, *La nouvelle psychologie animale.* Je ne dirai pas que je suis tout à fait rassuré au sujet de l'impression que produiront sur le grand public ces deux ouvrages d'un homme très distingué. Ceux qui veulent trouver dans les travaux des physiologistes des arguments en faveur du mysticisme héréditaire, pourront encore aisément découper dans les nouvelles publications de Bohn, des citations avantageuses ; mais

---

[1]. Intelligence et Instincts, *Revue du Mois,* 1909.

il y a du moins, de-ci, de-là, dans ces opuscules, des professions de foi très nettes de mécanisme et de transformisme intégral.

Voici d'abord un passage emprunté à la notice (p. VII) et dont on trouverait l'équivalent en plusieurs endroits du livre :

« J'ai observé les réponses totales de l'organisme, me préoccupant surtout des *mécanismes coordinateurs*. C'est en raison de cette tendance que certains de mes travaux ont pu être rangés sous la rubrique : psychologie comparée. Je ferai remarquer que la psychologie, telle que je l'ai pratiquée, *n'est qu'une des branches de la physiologie* ; mon étude a été purement objective... »

Cette affirmation que la psychologie n'est qu'une des branches de la physiologie ne plaira pas aux amateurs de considérations spiritualistes ; si l'on peut faire une étude objective complète de l'activité des animaux, c'est bien qu'on ne croit aucunement à leur liberté ; il n'est pas mauvais de mettre cette citation sous les yeux de ceux qui ont tiré du premier livre de Bohn des arguments en faveur des vieilles conceptions biologiques.

Voici, maintenant, un grand nombre de passages de la *Nouvelle psychologie animale* où l'existence de certains instincts actuels est considéré par l'auteur comme la démonstration de l'hérédité des caractères acquis :

D'abord, p. 104 : « Ici encore, cet instinct nous apparaît finalement comme un agrégat d'activités variées, les unes simples, les autres plus complexes, et il y a lieu de tenir compte aussi bien des qualités transmises par voie héréditaire que des qualités acquises dans la vie de l'individu. » Puis, page 125 : « Dans l'instinct de l'insecte paralyseur..., il y a certainement à tenir compte d'*activités associatives héritées,* mais, malgré cela, il y a encore des imperfections, plus ou moins corrigées par un apprentissage individuel » ; p. 54 : « à côté de survivances de vieilles activités..., il y a des acquisitions nouvelles dues à la mémoire associative ». Je pourrais multiplier les citations ; il est évident que l'auteur qui, d'ailleurs, fait profession de lamarckisme[1], considère que le monde est rempli de preuves de l'hérédité des caractères acquis.

Ainsi, tant au point de vue des théories mécanistes qu'au point de vue des théories transformistes, je trouve dans les nouveaux ouvrages de Bohn des raisons de me réjouir ; mais je dois signaler aussi, dans les mêmes livres, des considérations qui ne sont pas pour me plaire beaucoup. Je redoute par exemple certaines interprétations qu'il accepte, à mon avis, trop hâtivement, à la suite de Lœb. Voici deux passages que j'ai relevés, le premier, page 15 : « Une excitation entraîne une variation de la vitesse de certaines réactions chimiques..., elle se traduit, finalement, pour l'organisme, *par un déficit de certaines substances particulièrement actives.* » Le second, p. 146-147, est à

---

1. Par exemple, p. 43.

peu près identique : « Il serait beaucoup plus sage de chercher à pénétrer dans le mécanisme des actes... Les biologistes feront toujours une meilleure besogne en cherchant des explications dans la chimie physique. Du point de vue de cette science..., quand un réaction quelconque de l'organisme se produit, il y a dépense de certaines substances actives de l'organisme ; quand cette réaction se répète un certain nombre de fois de suite, les substances s'épuisent peu à peu et l'appauvrissement, finalement, devient tel que la réaction se produit difficilement ou pas du tout. »

Je suis tout à fait de l'avis de l'auteur quand il dit qu'il faut chercher, dans la chimie physique, l'explication des phénomènes vitaux, mais je redoute les explications trop simplistes ; je redoute surtout celles dans lesquelles la vie ne joue aucun rôle. Évidemment, je ne nie pas que, chez un être vivant, il se produise quelquefois des phénomènes dans lesquels n'intervient pas le fait que cet être est vivant ; mais je me défie des explications qui font comparer l'être vivant à une locomotive ou à une autre machine industrielle quelconque. L'usure des substances de réserve est sans doute un phénomène important, comme l'usure du charbon du tender, mais cette usure résulte, chez l'animal, de réactions *desquelles sa substance vivante constructive est sortie modifiée,* tandis que la locomotive qui a brûlé du charbon n'en conserve pas la trace. Et cette modification de la substance vivante constructive des êtres, la chimie physique, n'est pas assez avancée pour la constater directement aujourd'hui, de sorte que l'explication des phénomènes vitaux par la chimie physique menace de laisser précisément de côté le phénomène vital lui-même. Aussi sans oser nier absolument la valeur de l'explication donnée par Lœb et Bohn pour expliquer « ce fait très général que la répétition d'une certaine réaction aboutit à l'extinction de celle-ci », je me défie d'un retour déguisé à la « destruction fonctionnelle » de Claude Bernard[1], c'est-à-dire, au fond, à la négation des fondements mêmes du lamarckisme. Il peut y avoir des habitudes acquises passivement, mais il y en a surtout d'autres qui sont acquises « activement » et ce sont celles-ci qui construisent les êtres et les espèces.

*
* *

J'arrive maintenant à une querelle bien plus importante, quoiqu'elle soit vraisemblablement une simple querelle de mots ; elle est relative à la phrase même qui termine le volume de Bohn : « L'intelligence serait l'apanage des vertébrés. »

Déjà, dans son premier livre, l'auteur s'était plu à mettre à part la raison de l'homme au milieu des intelligences des mammifères ; maintenant, il met

---

[1]. Bohn ne parle que de la destruction des réserves, mais il néglige la construction concomitante des protoplasmas, et c'est là ce que je lui reproche.

à part l'intelligence des vertébrés au milieu des activités organiques des autres animaux. C'est encore un résultat de son goût pour la discontinuité, pour la classification *nette* de choses qui ne se distinguent que par des nuances et des degrés. Évidemment, si M. Bohn a réellement une tendance à classer les êtres dans des compartiments étanches, il a plus de mérite que moi à se déclarer transformiste, car moi, j'ai au contraire le goût extrême de la continuité. Il y a plus de mérite, c'est entendu, mais je me demande si le transformisme n'a pas acquis en lui un adepte dangereux.

Quand il s'est agi de placer la vie au milieu des autres phénomènes naturels, on a commencé par bien définir d'avance ce qu'on entendait par vivant; du moins c'est ce que j'ai essayé de faire pour mon compte, de manière à savoir toujours ensuite de quoi il serait question dans les narrations de faits; mais, une fois cette précaution prise, rien n'empêchait plus de comparer sans danger les phénomènes qui sont comparables chez les corps vivants et chez les corps bruts. Par exemple, les faits de résonance, les faits d'activité diastasique m'ont paru tout à fait comparables aux phénomènes de digestion ou d'assimilation physique, et j'ai trouvé beaucoup de plaisir à constater que l'on peut raconter d'une manière unique toutes ces manifestations propres à des corps différents. Cela ne m'empêchait pas de me souvenir que, dans le phénomène vital, il y a *autre chose*; il y a une assimilation *chimique* qui ne se trouve jamais chez les corps bruts ; je considère le corps vivant comme distinct du corps brut en ce qu'il est le siège commun d'un grand nombre d'activités diverses qui ne se trouvent superposées *nulle part ailleurs* en totalité, mais dont chacune, quelle qu'elle soit, peut être comparée isolément à un phénomène connu, soit de la physique, soit de la chimie, soit de ce groupe d'activités particulières que l'on appelle *chimie physique*, et dans lequel on voit des phénomènes physiques influencer des phénomènes chimiques. En d'autres termes, je crois qu'il est possible d'analyser *entièrement* le phénomène vital, et de le décomposer en une superposition de phénomènes plus simples. Mais alors, quand il s'agit d'un de ces phénomènes simples, on peut parler de la même manière du phénomène observé chez le vivant et de son semblable observé chez les corps bruts. A cela, ceux qui ont le goût de la continuité ne peuvent manquer de trouver une grande satisfaction.

Voici, au contraire, un passage qui prouve l'existence chez Bohn du goût opposé[1] :

« Les animaux inférieurs sont-ils capables d'apprendre ? Avant de répondre, demandons-nous, avec Margaret Washburn, ce qu'il faut entendre par ce mot « apprendre ». Voilà un mot qui signifie bien des choses différentes. On sait que le bois

---

1. *La nouvelle psychologie animale*, p. 41. Paris, F. Alcan.

d'un violon dont on a joué beaucoup résonne mieux qu'au début ; à la longue il s'est produit un arrangement moléculaire favorable au phénomène de résonance ; on pourrait dire que le bois du violon a « appris » à vibrer à l'unisson des cordes ; *dans ce phénomène,* remarque l'auteur, *il n'y a évidemment rien de psychique.* »

Non, évidemment, si vous décidez d'avance que tout ce qui se manifeste chez les animaux supérieurs est *à part* de ce qui se manifeste chez les corps bruts. Mais moi qui ne vois pas où commence et où finit ce que vous appelez le *psychisme*, je renverserai votre raisonnement, et je dirai après avoir constaté ce phénomène chez le violon, qu'il y a, vraisemblablement, dans le psychisme des animaux, un élément comparable à celui qui produit cette accoutumance du bois sonore.

« Certes, à chaque instant, dit l'auteur un peu plus loin, il nous semble que les animaux inférieurs apprennent. Mais, dans chaque cas particulier, nous devons nous demander quel est le mécanisme de l'apprentissage. » Évidemment, je ne prétends pas qu'un homme soit un protozoaire ; mais si je suis amené à raconter de la même manière un phénomène de protozoaire et un phénomène d'homme, je croirai qu'il y a, dans l'activité infiniment plus complexe de l'homme, quelque chose de comparable à l'activité simple du protozoaire. Et si je conviens d'appliquer le mot intelligence à cette particularité commune, il sera bien entendu que le mot en question représente l'activité élémentaire commune à tous les êtres intelligents, et non la manifestation très compliquée de ce qui résulte de cette activité élémentaire dans le mécanisme prodigieux de l'homme. De même, dès le début de mes études biologiques, j'ai été amené à définir le mot *vie*, que nous employons indistinctement pour tous les êtres vivants, en réduisant la signification de ce mot à ce qui est commun dans tous les êtres vivants. Si j'avais représenté par le mot *vie* l'activité de l'homme adulte, ou même celle d'un mammifère, je n'aurais jamais trouvé de langage applicable à l'ensemble des êtres vivants, et j'aurais dû déclarer comme le fait Bohn pour l'intelligence, que « *la vie est l'apanage des mammifères !* »

Un vertébré est un vertébré ; un mollusque est un mollusque ; un insecte est un insecte. Ce qui est l'apanage des vertébrés, c'est la « vertébralité », ce qui est l'apanage des mollusques, c'est la « mollusquité » ; les insectes ont « l'insectéité » ! Le transformisme s'est efforcé de trouver des éléments constitutifs communs à la *vertébralité*, à la *mollusquité*, à *l'insectéité*, mais il n'a jamais prétendu qu'on trouverait de la *vertébralité* chez les insectes ; il a même affirmé tout le contraire ! L'impossibilité bien connue de l'évolution rétrograde empêche que deux êtres dont les lignées ont divergé depuis longtemps arrivent jamais à se ressembler quoique descendant d'un ancêtre commun ; les phénomènes de convergence par adaptation à un même genre de vie ne pourront jamais que masquer superficiellement, chez ces deux êtres, des différences profondes, fondamentales. Il est donc bien certain que l'insecte ne conduira jamais à l'homme, et que, si on étudie, dans le détail, le mécanisme des insectes, on y trouvera tout autre chose que dans le mécanisme d'un chien.

« L'homme, dit Bohn (p. 128), ne saurait guère nous être utile pour comprendre l'insecte. » D'accord ; je crois aussi que, réciproquement, l'étude de détail des activités d'insectes ne nous est guère utile pour comprendre l'homme, et c'est même pour cela que je considère les recherches de psychologie animale comme ayant la valeur de simples amusettes.

Mais là où je ne suis plus d'accord avec mon ami Bohn, c'est quand, prenant des mots qui ont servi autrefois, avant l'aurore de la biologie scientifique, à représenter tant bien que mal des éléments différents de l'activité de l'homme, il veut que l'un de ces mots représente un apanage des mammifères, l'autre un apanage des insectes. Voici, par exemple, ce qu'il dit dans son introduction (p. 6), en commençant par citer un passage de M. Bergson :

« Un coup d'œil jeté sur le système nerveux des arthropodes et sur celui des vertébrés nous avertit des différences. Chez les premiers, le corps est formé d'une série plus ou moins longue d'anneaux juxtaposés ; l'activité motrice se répartit alors entre un nombre variable, parfois considérable, d'appendices dont chacun a sa spécialité ; chez les autres, l'activité se concentre sur deux paires de membres seulement, et les organes accomplissent des fonctions qui dépendent moins étroitement de leur forme... » Par des chemins différents, conclut Bohn après cette citation, on arriverait ainsi, d'une part à la fourmi, d'autre part à l'homme. Mais la fourmi, c'est l'instinct le plus typique, l'homme c'est l'intelligence dans son plus net épanouissement. Et Bergson est conduit à nous montrer d'une façon saisissante les deux directions de l'évolution dont les aboutissants seraient l'instinct et l'intelligence. »

Ces aboutissants seraient simplement à mon avis, et sont déjà d'ailleurs, l'*insectéité* et l'*humanité*; de même que les poulpes ont poussé la *mollusquité* à son plus haut point de perfection. On ne saurait refuser une part d'intelligence à un être vivant qui continue de vivre; en d'autres termes, tout être vivant fait fatalement, dans des conditions nouvelles, acte d'initiative personnelle[1]; on ne saurait refuser, non plus, à l'être le plus intelligent un grand nombre d'instincts, c'est-à-dire de mécanismes adultes, acquis par ses ancêtres, et dont son intelligence fait usage. Mais il est bien certain que si l'on appelle intelligence l'intelligence de l'homme et instinct l'activité de

1. Ce langage trop concis prend une apparence vitaliste. Il faut entendre seulement que l'animal réagit aux circonstances nouvelles au moyen de sa structure actuelle qui porte la trace de l'expérience passée.

la fourmi, on ne trouvera jamais d'instinct chez l'homme ni d'intelligence chez la fourmi ; il faudra raconter l'activité spécifique de chaque espèce vivante avec des mots spécifiques ; la biologie se propose un but exactement opposé en recherchant ce qui est commun à tous les animaux et à tous les végétaux.

Une dernière remarque avant de finir ce plaidoyer, dans lequel on le voit sans peine, il est surtout question d'une affaire de mots. Une phrase m'a particulièrement frappé dans l'introduction de la troisième partie du livre de Bohn :

« Chez les vertébrés, l'activité psychique acquiert, grâce au cerveau, une complexité très grande. Il devient inutile, dès lors, de parler des tropismes et des formes élémentaires de la sensibilité différentielle, car on ne peut plus isoler ces éléments de l'activité totale[1]. *La mémoire a pris un développement considérable* (p. 128).

J'ai souligné la phrase qui me paraît, dans cette citation, particulièrement importante. « La mémoire a pris un développement considérable. » Pourquoi ?

Il y a sans doute, à celà, de nombreuses raisons, mais il y en a une qui me paraît prépondérante ; c'est que les vertébrés naissent jeunes et vivent longtemps avant de devenir adultes. De sorte que,

---

[1]. Mais alors, pour ceux qui comme moi cherchent surtout dans les sciences naturelles l'explication de l'activité humaine, les études de psychologie des invertébrés ne présentent plus aucun intérêt.

fournissant une longue carrière individuelle, avec un organisme vraiment malléable, ils acquièrent une expérience personnelle qui joue un grand rôle dans leur activité ultérieure ; c'est pour cela que l'intelligence « qui consiste à tirer parti de son expérience » se manifeste beaucoup chez eux.

Au contraire, les insectes parfaits, si j'ose m'exprimer ainsi, *naissent adultes*. Le papillon est si différent de la chenille que l'expérience acquise à l'état de chenille ne peut plus lui servir quand, pourvu d'ailes, il doit se servir d'outils, *d'instincts* entièrement nouveaux pour lui. Et sa vie à l'état d'imago est assez courte pour qu'il n'ait pas le temps d'acquérir beaucoup d'expérience personnelle ; son anatomie *adulte* ne le lui permettrait d'ailleurs peut-être pas. Je suis convaincu, pour ma part, que si l'on faisait des expériences comparatives, en mettant d'un côté les insectes parfaits à métamorphoses complètes, d'un autre côté les chenilles, les vers blancs et les insectes à métamorphoses incomplètes, on trouverait, dans le second groupe, beaucoup plus de manifestations intellectuelles que dans le premier. Mais j'oublie que les nouveaux psychologues répudient la définition que Romanes a donnée de l'intelligence ! Ils lui en substituent d'ailleurs une autre qui, je l'ai montré moi-même il y a deux ans, me *paraît* équivalente ; mais il *paraît* aussi que je n'y ai rien compris ! Le tout est de s'entendre sur les mots ; jusque-là, il sera inutile de discuter.

VIII

BIOLOGIE ET SOCIOLOGIE[1]

En me faisant le très grand honneur de m'inviter à prendre la parole dans cette belle cérémonie, l'Université libre de Bruxelles a sans doute voulu montrer en quelle estime elle tient la science à laquelle je me suis consacré depuis vingt ans. C'est donc de la biologie que je dois vous entretenir aujourd'hui.

Je voudrais vous faire partager la sérénité que j'ai retirée de son étude, mais je ne vous dissimulerai pas, non plus, les dangers que cette étude présente ; ceux qui s'adonnent à la biologie ne sauraient plus trouver d'attrait aux autres sciences, à moins que les autres sciences leur fournissent le moyen de pénétrer plus avant dans l'intimité des phénomènes vitaux. La biologie, en un mot, possède, à mes yeux, tout l'attrait, mais aussi tout le despotisme d'une religion.

Je suis issu d'une race pour laquelle, pendant

---

[1]. Conférence faite à Bruxelles à l'occasion du Jubilé de l'Université, et publiée dans la *Revue de l'Université de Bruxelles*, 1911.

des siècles, les préoccupations religieuses ont primé toutes les autres préoccupations. Les croyances simplistes qui ont suffi à mes ancêtres n'ont plus aucune valeur pour le raisonneur que je suis devenu, mais j'ai conservé néanmoins cet impérieux *besoin de savoir*, dont les anciens Bretons trouvaient la satisfaction dans une religion toute faite, et ma principale raison de vivre a été *de chercher le sens de la vie*.

Si cette tendance provient réellement de mes origines celtiques, j'ai le droit de penser qu'elle est fort répandue aussi dans l'auditoire d'élite qui m'entoure en ce moment. Les *Belges* de *César* étaient, personne n'en peut douter, les frères continentaux de ces habitants de la *Grande Bretagne*, qui, six siècles plus tard, chassés de leur pays par les *Saxons*, vinrent peupler les solitudes de l'*Armorique*. Et, malgré les invasions, le fond de la population de la Belgique a sûrement conservé une quantité suffisante du sang de la tribu libre des valeureux *Nerviens*, pour que je puisse me considérer aujourd'hui, sans trop d'outrecuidance, comme un cousin germain convié à une fête de famille.

Quoi qu'il en soit de cette parenté si audacieusement revendiquée, et peut-être un peu « archaïque », l'œuvre de vos penseurs et de vos poètes m'autorise à espérer que vous ne considérerez pas la biologie comme amoindrie, parce que je lui aurai attribué un intérêt d'ordre religieux.

※
※ ※

Bien des savants, Messieurs, et non des moindres, refusent à toutes les sciences, quelles qu'elles soient, le droit de pénétrer dans le domaine des religions. Malgré l'autorité de ceux qui ont le plus contribué à répandre cette opinion dans le monde, je n'ai jamais pu, pour ma part, me résoudre à l'accepter. Elle repose, à mon avis, sur un simple jeu de mots.

Laissez-moi vous rappeler, à ce sujet, cette journée, pour moi à jamais mémorable, et qui mit aux prises, dans un tournoi académique, les deux hommes que j'ai le plus aimés et le plus admirés *Renan* et *Pasteur,* ces deux génies sublimes et contraires dont j'ai eu le rare bonheur de suivre de très près les admirables enseignements.

Élu membre de l'Académie française en remplacement de *Littré, Pasteur* crut devoir mêler à l'éloge de son illustre prédécesseur une violente critique du système positiviste d'*Auguste Comte*:

« La grande et visible lacune du système consiste, affirma-t-il, en ce que, dans la conception positive du monde, il ne tient pas compte de la plus importante des notions positives, celle de l'Infini! Au delà de cette voûte étoilée, qu'y a-t-il ? De nouveaux cieux étoilés. Soit! Et au delà ? L'esprit humain, poussé par une force invincible, ne cessera jamais de se demander : Qu'y a-t-il au delà ?... Il ne sert à rien de répondre : Au delà sont des espaces, des temps ou des grandeurs sans limite. Nul ne comprend ces paroles. Celui qui proclame l'existence de l'Infini, et personne ne peut y échapper, *accumule dans cette affirmation plus de surnaturel qu'il n'y en a dans tous les miracles de toutes les religions* ; car la notion de l'Infini a ce double caractère de s'imposer et d'être incompréhensible. Quand cette notion s'empare de l'entendement, il n'y a qu'à se prosterner. »

Je n'ai pas besoin de vous rappeler quel retentissement ont eu, il y a 25 ans, ces affirmations du plus grand savant du siècle, quel profit en ont tiré les hommes de parti qui avaient intérêt à les répandre, ceux que *Littré* avait coutume d'appeler *les adversaires naturels de toutes les libertés.*

Ils ont fait moins de bruit, et pour cause, autour de la réponse de *Renan* :

« Vous avez fait des réserves, Monsieur, dit celui-ci avec sa bonhomie pleine de malice, sur les doctrines philosophiques auxquelles *M. Littré* s'était attaché, et auxquelles il déclarait devoir le bonheur de sa vie. C'était votre droit. Je n'userai pas du droit semblable que j'aurais. »

Mais, malgré cette promesse de neutralité, il revint à la charge quelques minutes plus tard :

« Celui qui proclame, dites-vous, l'existence de l'infini, accumule dans cette affirmation plus de surnaturel qu'il n'y en a dans tous les miracles de toutes les religions. Vous allez, je crois, un peu loin, Monsieur; vous donnez là un certificat de crédibilité à des choses bien étranges. Permettez-moi une distinction. Dans le champ de l'idéal, oh! vous avez raison; là on peut évoluer durant toute l'éternité sans se rencontrer jamais.

« Mais l'idéal n'est pas le surnaturel particulier, qui est censé avoir fait son apparition à un point du temps et de l'espace.

« Celui-ci tombe sous le coup de la critique. L'ordre du possible, qui touche de près celui du rêve, n'est par l'ordre des faits. *Les religions se donnent comme des faits et doivent être discutées comme des faits,* c'est-à-dire par la critique historique. Or, les faits surnaturels du genre de ceux qui remplissent l'histoire religieuse, *M. Littré* excelle à montrer qu'ils n'arrivent pas; et s'ils n'arrivent pas, n'est-ce point le cas de se poser la question de Cicéron : pourquoi ces forces secrètes ont-elles disparu? Ne serait-ce pas parce que les hommes sont devenus moins crédules? »

Je ne veux retenir de cette longue citation qu'une affirmation inattaquable : *les religions se donnent comme des faits et doivent être discutées comme des faits.* Il n'est pas de meilleure réponse à faire à ceux qui vont répétant que « la science n'a rien à voir avec la foi », et qui prétendent nous imposer ensuite sans contrôle, sous le couvert de la foi, la croyance à des faits que la science a non seulement le droit, mais aussi le devoir de contrôler.

***

La biologie, plus que toute autre science, permet de discuter les affirmations fondamentales sur lesquelles sont basées les religions humaines; c'est pour cela que, comme je le disais tout à l'heure, je lui attribue, avant tout, un intérêt religieux. La biologie est une religion négative, si vous voulez, en ce qu'elle démontre surtout l'inanité de bien des croyances; mais, *la négation de certains dogmes a une valeur positive.* Il n'est pas sans importance, même au point de vue de notre conduite de chaque jour, que nous ayons repoussé, comme vide de sens, le dogme de l'immortalité individuelle.

Je dois vous l'avouer, d'ailleurs, ce n'est pas cette *utilité* des résultats que l'on peut tirer de l'étude de la vie, qui a fait de moi un biologiste.

Il existe deux biologies distinctes, l'une *pratique* ou *appliquée,* l'autre purement *spéculative,* et c'est vers la seconde, c'est vers la *biologie pure* que m'ont entraîné mes tendances personnelles.

La biologie appliquée est la science qui s'efforce de tirer, de toutes les connaissances humaines, le moyen, pour l'homme, de *bien vivre.* Elle met au service de l'homme les espèces sauvages animales et végétales; elle nous apprend à transformer ces espèces par l'élevage et la culture, de manière à nous les rendre plus utiles.

Elle se propose aussi d'intervenir dans la vie de l'homme lui-même, en lui enseignant comment on évite les maladies, et ce qu'il faut faire pour en guérir, quand on les a contractées.

L'homme étant avant tout un animal social, la

recherche des conditions les plus favorables à la vie humaine ne peut se séparer de l'étude des lois qui régissent les sociétés. *Duclaux* a fait un pléonasme, volontaire, je le sais, quand il a donné comme titre à l'un de ses plus beaux livres : *L'Hygiène sociale.*

Il n'y a d'hygiène que sociale ! La constitution de la société retentit sur le sort de chacun ; la conduite de chacun intéresse la société tout entière. Je ne vois pas au nom de quel principe on pourrait tracer des limites séparant raisonnablement l'hygiène sociale de l'hygiène individuelle.

L'hygiène sociale, ou science du *bien vivre*, s'appelle aujourd'hui *sociologie* ; mais ce n'est pas à *Bruxelles*, ce n'est pas dans le pays des Solvay et des Waxweiler qu'il faut venir parler de sociologie ; autant vaudrait porter des chouettes à Athènes.

* *
*

La biologie pure, la biologie spéculative donnera-t-elle naissance un jour à une sociologie qui soit une « hygiène sociale » parfaite ? Aujourd'hui, malgré tous les efforts tentés depuis 25 ans, elle ne fournit pas encore à *l'hygiène individuelle* des règles suffisantes.

La médecine scientifique qu'avait rêvée *Claude Bernard* reste à l'état de rêve séduisant, malgré le merveilleux essor que promet à la thérapeutique la loi générale énoncée par votre éminent compatriote *Jules Bordet.*

Des milliers de chercheurs poursuivent dans les laboratoires les études de *vaccination* et de *sérothérapie* ; ils cherchent surtout des méthodes nouvelles d'intervention, et c'est pour cet objet qu'ils demandent l'aide de la biologie proprement dite.

En attendant que ces nombreux pionniers aient remplacé l'empirisme actuel par une thérapeutique scientifique, nous pouvons cependant faire notre profit des découvertes récentes en nous efforçant d'éviter les causes de maladie que l'école de *Pasteur* nous a appris à connaître. Nous ne croyons plus que le courroux d'Apollon fils de Latone ait déterminé la peste des Grecs devant Troie. Quand une épidémie se déclare, nous lui cherchons, nous lui trouvons souvent une cause locale contre laquelle nous ne sommes pas désarmés.

Quand même les découvertes récentes n'auraient contribué à l'avancement de la médecine qu'en nous permettant cette intervention prophylactique, nous devrions nous louer grandement déjà du progrès accompli.

De fait, si bien des gens, pour avoir trop souvent constaté la faillite de l'empirisme, ne croient guère aujourd'hui à la thérapeutique, il n'est plus à notre époque un homme cultivé qui se refuse à accorder une haute valeur aux prescriptions de l'*hygiène*. Je prends ici le mot *hygiène* dans le sens restreint et, pour ainsi dire, *négatif*, qu'on lui accorde ordinairement, et qui représente l'ensemble des règles à suivre pour ne pas tomber malade quand on est bien portant ; l'hygiène ainsi définie ne nous donne pas le moyen de redevenir bien portants quand nous sommes malades ; cela c'est le rôle de la *thérapeutique*; ce sera la seconde partie de l'hygiène de l'avenir.

**

Ce rôle prophylactique, que joue aujourd'hui la biologie pure dans la médecine naissante, elle le remplit au même titre en sociologie en dénonçant des erreurs dangereuses. Nous n'avons pas encore su tirer des découvertes biologiques une formule définitive de vie sociale parfaite, mais nous pouvons, grâce à elles, écarter déjà des fantômes qui ont joué un rôle néfaste dans l'histoire de nos ancêtres.

Les croyances religieuses ont été de tout temps un instrument redoutable entre les mains des conducteurs d'hommes.

Aujourd'hui, les moins avancés d'entre nous, s'ils admettent encore la possibilité des miracles, ne s'attendent plus à voir intervenir, à chaque instant, dans les événements quotidiens, les divinités capricieuses qu'adoraient les hommes d'autrefois; et cependant, les plus féroces divisions qui s'établissent dans l'humanité ont encore pour origine des dissentiments theologiques. Les meilleurs d'entre les croyants font passer leur foi avant leur intérêt. Ils semblent attacher d'autant plus de prix à leurs croyances que ces croyances ont pour eux moins d'utilité pratique immédiate.

Messieurs, le principal but des religions est d'apprendre à l'homme ce qu'il est, d'où il vient, où il va ! La biologie, qui a pour objet l'étude de la vie, doit satisfaire, plus que toute autre science, notre curiosité religieuse.

Mais, chose étrange, et qui cependant pouvait se prévoir, il s'est trouvé que la biologie, au lieu de répondre directement aux questions que se posaient les hommes avant l'ère scientifique, a montré le plus souvent l'inanité, l'absurdité de ces questions.

« La science, a dit *Condillac*, est une langue bien faite. » La biologie, langage correct et précis, ne permet pas de traduire l'énoncé, donné en langue vulgaire, de la plupart des problèmes religieux, car il existe, dans la langue vulgaire, des mots qui répondent aux vieilles croyances des hommes, et qui, lorsque nous voulons les définir, se dérobent à nos efforts; *nous ne pouvons pas les définir, parce qu'ils ne signifient rien.* Le biologiste ne rencontre pas sur sa route les plus angoissantes des questions que résolvaient les anciennes religions de l'humanité.

C'était là une grande difficulté pour l'établissement de la science de la vie ; il fallait avoir le courage de se débarrasser de toute idée préconçue ; il fallait, au sens le plus strict, *renoncer au langage humain,* qui est notre seul moyen de nous exprimer, et qui est dangereux, puisqu'il contient, dans son vocabulaire et jusque dans sa syntaxe, toutes les philosophies, toutes les religions du passé.

Les plus hardis novateurs ont reculé, au début, devant une nécessité aussi cruelle ; ils n'ont pas su, ou n'ont pas voulu faire table rase de l'héritage ancestral.

Claude Bernard, étudiant les rapports de l'être vivant et de son milieu, accordait bien que les échanges physico-chimiques se font, entre l'homme et le milieu, suivant les lois de la physique et de la chimie ; mais il ne pouvait se résigner à aller plus loin ; il faisait la part du feu en laissant à la vie un côté mystérieux, inaccessible à la recherche expérimentale.

Nous sommes plus résolus aujourd'hui ; nous allons jusqu'au bout des nécessités de la méthode scientifique ; nous oublions volontairement ce qu'ont cru nos pères, et cela ne va pas sans un grand effort, étant donnés la puissance et le charme des traditions.

Nous ne constatons pas seulement que l'homme est en rapport avec la nature, nous voyons qu'il est *dans la nature* au même titre que les autres objets connus de nous ; la vie est une forme de l'activité universelle ; la biologie est un chapitre de la physique.

Nous ne retrouvons nulle part au cours de nos recherches objectives, le dualisme qui a encombré les croyances des générations éteintes. Rien de fixe dans l'animal, rien d'immuable dans l'homme !

L'homme n'existe pas *par lui-même* ; il est, à chaque instant, un mécanisme qui varie sous l'influence de tous les facteurs d'action du monde ; un instant après, il est autre, il est différent !

La pensée elle-même nous apparaît comme un *résultat* du changement ! Au lieu de faire de l'homme une entité, elle nous montre en lui un tourbillon sans cesse modifié.

Le fameux aphorisme de *Descartes* : « Je pense, donc je suis ! » devient à la lumière de la biologie nouvelle :

Je pense, donc je change, donc, au sens absolu, JE NE SUIS PAS ?

A quoi se réduisent, dès lors, nos angoissantes préoccupations au sujet de l'immortalité individuelle ? L'âme humaine n'est plus que la synthèse actuelle d'un mécanisme qui varie à chaque instant ; la question de son immortalité n'a plus de sens ! Toutes les entités actives, dont nous avons peuplé le monde en les calquant sur l'âme immortelle de l'homme, s'effondrent sous les coups de la biologie !

C'est la plus grande, c'est la plus terrible des révolutions qui se soient accomplies dans notre histoire ! Et cette révolution ne saurait s'imposer sans douleur, car l'homme est attaché au passé par les fibres les plus sensibles de son hérédité. Il chérit, dans l'ombre de son cœur, les vaines croyances de ses pères. Même nourri d'une science infinie, l'homme ne saurait devenir, du jour au lendemain, un *animal scientifique*.

**

On a souvent répété que « nos morts nous guidont »; cette expression est incorrecte et dangereuse. Nous sommes la continuation de nos parents morts; notre existence est liée à ce qu'a été la leur, et nous ne pouvons renoncer en un jour à ce qu'ils ont aimé, même quand la science nous démontre qu'ils ont aimé des chimères !

Mais les variations que les découvertes scientifiques apportent dans nos croyances sont brusques et formidables, tandis que nos structures personnelles varient avec une infinie lenteur. Entre ma constitution individuelle et celle de mes ancêtres du temps de *César,* la différence est insensible; il y a autant de disproportion entre mes connaissances scientifiques et les leurs, qu'il y a de distance de l'*homme* à l'*ornithorhynque*[1] !

L'évolution structurale n'a pas suivi les conquêtes de l'esprit humain ; nourri des trésors du XIXe siècle, je me sens un cerveau d'homme du moyen âge ; je suis dépaysé au milieu de toutes les merveilles modernes que j'admire cependant de toutes mes forces, et je trouve encore en moi mille raisons d'aimer ce que mes ancêtres ont aimé.

Les enseignements de la science, et surtout un besoin infini de clarté et de précision, ont lutté victorieusement, dans mon individu, contre les

---

[1]. On m'a reproché cette affirmation en me faisant remarquer que César était un grand génie; il y a eu de tout temps des hommes supérieurs aux autres hommes, et l'existence d'un homme supérieur ne prouve pas que la science soit développée. D'ailleurs les ancêtres dont je parle étaient des Bretons sauvages ; je ne descends pas, que je sache, du conquérant des Gaules.

tendances d'un mysticisme suranné ; mais je comprends que beaucoup de mes contemporains combattent avec acharnement une *biologie destructive*, qui les fait souffrir, et qui ne leur apporte, peut-être, aucune satisfaction !

La *biologie destructive* nous atteint jusque dans les recoins les plus cachés de notre amour-propre ; nous devons renoncer à être des hommes libres, si nous prenons le mot « libre » au sens absolu que lui donnaient les religions ; et c'est vraiment de cette liberté absolue que nous *voulons* être doués ; c'est d'elle que nous sommes fiers !

La biologie nous enseigne que *le droit du plus fort*, ou, si vous préférez, du plus apte, est la seule loi générale ; la vie même a un définition *guerrière* et *conquérante*, et cela impressionne péniblement notre générosité naturelle [1].

Pour ma part, et je suis sûr d'être, à ce point de vue, semblable à la majorité des hommes, l'*idée de justice* m'est plus chère que toutes les idées ; je regarderais avec dégoût et mépris celui qui, même au nom de la science souveraine, heurterait le sentiment du « *juste* » que je porte en moi.

Les enfants apprennent à croire à la justice en apprenant à parler. Le nationaliste le plus fougueux ne pardonnerait pas à un chef d'État de sauver son pays par un acte injuste ; il essaierait du moins de se mentir à lui-même et de se per-

---

[1]. J'ai développé cette idée dans un livre récent l'*Égoïsme, seul base de toute société*.

suader que l'acte qui a satisfait son patriotisme
était conforme aux règles de la plus scrupuleuse
équité.

Nous avons tous de ces lâchetés quand il s'agit
de sentiments qui nous tiennent fortement au
cœur; nous sommes des hommes, et nous devons
beaucoup pardonner aux hommes, qui cachent
comme nous-mêmes, sous un vernis du xxe siècle,
des cerveaux de *troglodytes*.

Il faut un véritable courage pour s'avouer que
la justice est une notion *relative*. Nous croyons à
la *justice absolue,* au *bien* et au *mal absolus*. La biologie nous enseigne que cette apparence absolue
est le propre de tous les caractères *acquis* au cours
de l'évolution de notre espèce ; c'est même la
seule définition des caractères *acquis*; ils persis-
tent après qu'a disparu la cause qui les avait fait
apparaître.

Toutes ces notions absolues, dont nous connaissons aujourd'hui l'humble origine, sont représentées dans notre langue par des *mots* qui jouissent
d'un merveilleux prestige.

Ces *mots* répondent si parfaitement à des particularités héréditaires de notre structure, que nous
ne pouvons les entendre sans ressentir aussitôt
une émotion profonde. Les *mots* sont le grand ob-
stacle à l'acceptation des conquêtes de la science
révolutionnaire.

*
* *

La *sociologie,* qui veut fournir à notre espèce des

règles pour *bien vivre,* devra tenir compte, à la fois, des conquêtes de la science et des résidus antagonistes qui subsistent, malgré ces conquêtes, dans l'hérédité et dans le langage de la pauvre espèce humaine. La *cité nouvelle* sera construite sur des ruines, et, ces ruines, beaucoup continueront à les chérir au fond de leur cœur ; le rôle des sociologues de l'avenir sera plein de difficultés !

Je n'ai pas qualité pour prévoir ce que sera la *cité nouvelle* ; votre ardeur dans la voie de la sociologie, votre méthode surtout, me font penser que, si cette cité se construit un jour, c'est chez vous, peut-être, qu'elle se construira.

La biologie à laquelle je reste attaché est *destructive* ; elle ne remplace pas les dieux dont elle renverse les autels ! Mais, en attendant que vous éleviez *sur ses données* une hygiène scientifique vraiment utile à tous les hommes, je conserverai à la biologie destructive une grande reconnaissance, parce qu'elle a fait évanouir des fantômes dont nos pères s'effrayaient.

Elle a guéri l'homme de la peur !

Si elle ne m'apprend pas à *bien vivre,* elle m'empêche de redouter la mort ; et nous ne devons pas considérer comme vaine une science qui nous apprend à bien mourir.

TABLE DES MATIÈRES

I. — Idéal et méthode. 1
II. — Artistes et métaphysiciens. 15
III. — Pragmatisme et scientisme. 40
IV. — Raisonnement et expérimentation.. 70
V. — Possibilité d'une étude objective totale des phénomènes vitaux.
    A. La méthode individualiste ou méthode d'assimilation. 101
    B. βίος et ζωή. 125
VI. — Lamarckisme, Mendélisme et mutations.. . . . 179
VII. — Réponse a quelques objections portant sur des questions de méthode.
    A. Énergie et liberté. 207
    B. Le transformisme et l'hérédité des caractères acquis. 221
    C. Les études de psychologie animale. . . . 227
VIII. — Biologie et sociologie. 240

BIBLIOTHÈQUE DE PHILOSOPHIE CONTEMPORAINE

Volumes in-8, brochés, à 3 fr. 75, 5 fr., 7 fr. 50, 10 fr., 12 fr. 50 et 15 fr.

EXTRAIT DU CATALOGUE

BARDOUX. — Psych. de l'Angleterre contemporaine. 2 vol. T. I. 7 fr. 50. — T. II. 5 fr.
BAYET. — L'Idée de bien. 3 fr. 75
BAZAILLAS. — La vie personnelle. Musique et inconscience. 5 fr.
BELOT. — Études de morale positive. 7 fr. 50
BERGSON. — Matière et mémoire. 7ᵉ éd. 5 fr.
— Données immed. de la conscience. 3 fr. 75
— L'évolution créatrice. 10ᵉ éd. 7 fr. 50
E.-BERNARD LEROY. — Le langage. 5 fr.
BERR. — La synthèse en histoire. 5 fr.
BINET. — Les révélations de l'écriture. 5 fr.
BOEX-BOREL (J.-H. Rosny aîné). — Le pluralisme. 5 fr.
BOIRAC. — La psychologie inconnue. 2ᵉ éd. 5 fr.
BOUGLÉ. — Les idées égalitaires. 2ᵉ éd. 3 fr. 75
— Régime des castes. 5 fr.
BOUTROUX. — Études d'histoire de la philosophie. 3ᵉ éd. 7 fr. 50
BROCHARD. — Études de philos. ancienne et de philos. moderne. 10 fr.
CHIDE. — Le mobilisme moderne. 5 fr.
COSENTINI. — La sociologie génétique. 3 fr. 75
CROCE. — Philosophie de la pratique. 7 fr. 50
GUYON (de). — Dieu et science. 2ᵉ éd. 7 fr. 50
DELVAILLE. — Vie sociale et éducation. 3 fr. 75
DROMARD. — Essai sur la sincérité. 5 fr.
DUGAS. — Le problème de l'éducation. 5 fr.
— L'Éducation du Caractère. 5 fr.
DUMAS. — La tristesse et la joie. 7 fr. 50
— Psychol. de deux Messies positivistes. 5 fr.
DURKHEIM. — Division du travail social. 7 fr. 50
— Le suicide, étude social. 2ᵉ édit. 7 fr. 50
— Année sociol. 1896-97 à 1900-1901, chac. 10 fr.
— Années 1901-2 à 1905-6, chacune. 12 fr. 50
— Tome XI (1906-1909). 15 fr.
DRAGHIESCO. — Probl. de la conscience. 3 fr. 75
DWELSHAUVERS. — Synthèse mentale. 5 fr.
EBBINGHAUS. — Précis de psychol. 2ᵉ éd. 5 fr.
ENRIQUES. — La science et la logique. 3 fr. 75
EUCKEN. — Pensée contemporaine. 10 fr.
FINOT. — Le préjugé des races. 3ᵉ éd. 7 fr. 50
— Philosophie de la longévité. 12ᵉ édit. 5 fr.
— Préjugé et probl. des sexes. 2ᵉ édit. 5 fr.
FOUCAULT. — Le rêve. 5 fr.
FOUILLÉE. — Liberté et déterminisme. 7 fr. 50
— Systèmes de morale contemporains. 7 fr. 50
— Morale, art et religion, d'ap. Guyau. 3 fr. 75
— L'avenir de la métaphysique. 2ᵉ éd. 5 fr.
— L'évolut. des idées-forces. 2ᵉ éd. 7 fr. 50
— Psychologie des idées-forces. 2 vol. 15 fr.
— Tempérament et caractère. 2ᵉ éd. 7 fr. 50
— Le mouvement positiviste. 2ᵉ éd. 7 fr. 50
— Le mouvement idéaliste. 2ᵉ éd. 7 fr. 50
— Psychologie du peuple français. 7 fr. 50
— La France au point de vue moral. 7 fr. 50
— Esquisse psych. des peuples europ. 10 fr.
— Éléments sociol. de la morale. 7 fr. 50
— Morale des idées-forces. 7 fr. 50
— Socialisme et sociologie réformiste. 7 fr. 50
— Démocratie polit. et soc. en France. 3 fr. 75
— La pensée et les nouvelles écoles anti-intellectualistes. 2ᵉ éd. 7 fr. 50
FOURNIÈRE. — Théories socialistes. 7 fr. 50
GRASSET. — Demifous et demi responsables. 5 fr.
— Introd. physiol. à la philosophie. 5 fr.
GUYAU. — Morale anglaise contemp. 6ᵉ éd. 7 fr. 50
— Probl. de l'esthétique cont. 7ᵉ éd. 7 fr. 50
— Morale sans obligation ni sanction. 5 fr.
— Éducation et hérédité. 10ᵉ éd. 5 fr.
— L'irréligion de l'avenir. 15ᵉ édit. 7 fr. 50
HAMELIN. — Le Système de Descartes. 7 fr. 50
HANNEQUIN. — Histoire des sciences et de la philos. 2 vol. 15 fr.
HARTENBERG. — Les timides et la timidité. 5 fr.
— Physionomie et caractère. 3ᵉ édit. 5 fr.
HÉBERT. — L'évolution de la foi catholique. 5 fr.
— Le divin. 5 fr.
HÉMON. — Philos. de Sully Prudhomme. 7 fr. 50
HERMANT et V. DE WAELE. — Logique cont. 5 fr.
HÖFFDING. — Philos. moderne. 2ᵉ éd. 2 v. 20 fr.
— Esquisse d'une psychologie. 1ʳᵉ éd. 7 fr. 50
— Philosophes contemporains. 2ᵉ éd. 3 fr. 75
— Philosophie de la religion. 7 fr. 50
— La pensée humaine. 7 fr. 50
IOTEYKO et STEFANOWSKA. — La douleur. 5 fr.
ISAMBERT. — Idées socialistes. 7 fr. 50
JANET (Pierre). — L'autom. psycholog. 7 fr. 50
JASTROW. — La subconscience. 5 fr.
JEUDON. — Morale de l'honneur. 5 fr.
LACOMBE. — Individus et soc. chez Taine. 7 fr. 50
LALANDE. — La dissol. opposée à l'évolut. 7 fr. 50
LALO (Ch.). — Esthét. musicale scient. 5 fr.
— Esthét. expérim. contemp. 3 fr. 75
— Sentiments esthétiques. 5 fr.
LANESSAN. — La morale des religions. 10 fr.
— La morale naturelle. 7 fr. 50
LAPIE. — Logique de la volonté. 7 fr. 50
LAUVRIÈRE. — Edgar Poe. 10 fr.
LE BON (G.). — Psychol. du social. 7ᵉ éd. 7 fr. 50
LEBLOND (M. A.). — L'Idéal du XIXᵉ siècle. 5 fr.
LE DANTEC. — L'unité dans l'être vivant. 7 fr. 50
— Les limites du connaissable. 2ᵉ éd. 3 fr. 75
— Contre la métaphysique. 3 fr. 75
LÉON (Xavier). — Philosophie de Fichte. 7 fr. 50
LÉVY-BRUHL. — Phil. d'Aug. Comte. 4ᵉ éd. 7 fr. 50
— La mor. le et la science des mœurs. 3ᵉ éd. 5 fr.
— Fonct. mentales des soc. inférieures. 7 fr. 50
LIARD. — Descartes. 3ᵉ édit. 5 fr.
— Science positive et métaph. 5ᵉ éd. 7 fr. 50
LICHTENBERGER (H.). — Richard Wagner. 10 fr.
— Henri Heine penseur. 3 fr. 75
LUQUET. — Idées génér. de psychologie. 7 fr. 50
LYON. — Idéalisme anglais au XVIIIᵉ siècle. 7 fr. 50
— Enseignement et religion. 3 fr. 75
MARCERON. — La Morale par l'État. 5 fr.
MATAGRIN. — Psych. sociale de Tarde. 5 fr.
MENDOUSSE. — Âme de l'adolescent. 2ᵉ éd. 5 fr.
MORTON-PRINCE. — La dissociation d'une personnalité. 10 fr.
NORDAU (Max). — Dégénérescence. 2 v. 17 fr. 50
— Les mensonges conventionnels. 11ᵉ éd. 5 fr.
— Vus du dehors. 5 fr.
— Le sens de l'histoire. 7 fr. 50
NOVICOW. — Justice et expansion de la vie. 7 fr. 50
— Critique du Darwinisme social. 7 fr. 50
— La Morale et l'Intérêt. 5 fr.
OSSIP-LOURIÉ. — Philos. russe cont. 2ᵉ éd. 5 fr.
— Psychol. des romanciers russes. 7 fr. 50
PALANTE. — Combat pour l'individu. 3 fr. 75
PAULHAN. — Les caractères. 3ᵉ éd. 5 fr.
— Les mensonges du caractère. 5 fr.
— Le mensonge de l'art. 5 fr.
PAYOT. — Éduc. de la volonté. 38ᵉ éd. 5 fr.
— La croyance 3ᵉ éd. 5 fr.
PIAT (C.). — La morale du bonheur. 5 fr.
— La destinée de l'homme. 2ᵉ édit. 5 fr.
PILLON. — L'année philos. 1890 à 1910, chac. 5 fr.
RAGEOT. — Le succès. 3 fr. 75
RAUH. — L'expérience morale. 2ᵉ édit. 3 fr. 75
RIBOT. — Hérédité psychologique. 9ᵉ éd. 7 fr. 50
— Psychologie des sentiments. 8ᵉ éd. 7 fr. 50
— L'évolution des idées génér. 2ᵉ éd. 5 fr.
— L'imagination créatrice. 3ᵉ éd. 5 fr.
— La logique des sentiments. 4ᵉ éd. 3 fr. 75
— Essais sur les passions. 2ᵉ édit. 3 fr. 75
RODRIGUES (G.). — Le problème de l'action. 7 fr. 50
ROUSSEL-DESPIERRES. — Hiérarch. des principes. 5 fr.
SABATIER (A.). — Philos. de l'effort. 2ᵉ éd. 7 fr. 50
SAINT-PAUL. — Le langage intérieur. 5 fr.
SCHILLER (F.). — Études sur l'humanisme. 10 fr.
SCHINZ. — Anti pragmatisme. 5 fr.
SÉAILLES. — Le génie dans l'art. 4ᵉ éd. 5 fr.
— La philosophie de Renouvier. 7 fr. 50
SIMMEL. — Mél. de Philos. relativiste. 5 fr.
SOLLIER. — Le problème de la mémoire. 3 fr. 75
— Le mécanisme des émotions. 5 fr.
— Le doute. 7 fr. 50
SOURIAU. — L'esthét. du mouvement. 5 fr.
— La beauté rationnelle. 10 fr.
— La suggestion dans l'art. 2ᵉ éd. 5 fr.
SULLY PRUDHOMME. — Le lien social. 3 fr. 75
— La religion selon Pascal. 7 fr. 50
TARDE. — La logique sociale. 3ᵉ éd. 7 fr. 50
— Les lois de l'imitation. 6ᵉ éd. 7 fr. 50
— L'opposition universelle. 7 fr. 50
— L'opinion et la foule. 3ᵉ édit. 5 fr.
TERRAILLON (E.). — L'honneur. 5 fr.
THOMAS. — L'éduc. des sentiments. 4ᵉ éd. 5 fr.
TISSERAND. — L'anthrop. de M. de Biran. 10 fr.
UZAC (J. B.). — L'art et le geste. 5 fr.
WILBOIS (J.). — Devoir et durée. 7 fr. 50

www.ingramcontent.com/pod-product-compliance
Lightning Source LLC
Chambersburg PA
CBHW050331170426
43200CB00009BA/1541